Argentinien
Patagonien

© KOMET Verlag GmbH, Köln
Autoren: Nicole Trötzer, Ralf Gantzhorn
Bildredaktion: Hans-Joachim Schneider
Gesamtproducing: Hans-Joachim Schneider
Gesamtherstellung: KOMET Verlag GmbH, Köln
Alle Rechte vorbehalten
ISBN 978-3-89836-814-8
www.komet-verlag.de

Nicole Trötzer
Ralf Gantzhorn

Argentinien
Patagonien

INHALT

ARGENTINIEN — DAS LAND DER SECHS KONTINENTE

Geografische Lage

Die República Argentina ist mit einer Fläche von rund 2,8 Millionen km² nach Brasilien das zweitgrößte Land des südamerikanischen Kontinents und der achtgrößte Staat der Erde.

Sie erstreckt sich vom Norden, wo sie an Brasilien, Paraguay und Bolivien grenzt, bis zur Südspitze von Feuerland über 3799 km und an ihrer breitesten Stelle im Norden über 1423 km von Ost nach West. Argentiniens Größe entspricht dem Sechsfachen der Größe Deutschlands, Österreichs und der Schweiz zusammen.

Auf Grund dieser gewaltigen Ausmaße deckt das Land zahlreiche Klima- und Vegetationszonen der Erde ab: subtropisch und semiarid im Norden bis zu subantarktischem Klima an der südlichen Spitze. Das westliche Tiefland besteht aus Wüste, während in den fruchtbaren Pampas mildes Klima herrscht. Argentinien trägt auch den Beinamen ‚Land der sechs Kontinente', da es in Südamerika liegt und zudem Klimazonen und Landschaftstypen aller sechs Kontinente der Erde vereint.

Die Republik grenzt im Osten an den Atlantischen Ozean und darüber hinaus an diverse

Unterwegs in den Araukarienwäldern des Parque Nacional Lanín.

lateinamerikanische Nachbarländer: im Norden an Brasilien, Paraguay und Bolivien, im Osten, oberhalb des Río de la Plata, an Uruguay, im Süden und Westen an Chile. Mit Chile teilt es das imposante Gebirgsmassiv der Anden. Die Kordilleren der Anden weisen mehrere Berggipfel mit über 6000 Metern Höhe auf, die meisten darunter liegen auf argentinisch-chilenischem Grenzgebiet. Der höchste Berg Amerikas, der Aconcagua (6960 m), liegt in Argentinien. Abgesehen von den Anden – der insgesamt längsten kontinentalen Gebirgskette der Welt – ist Argentinien ein von flachen Ebenen durchzogenes Land.

Die Andenkette bildet das ‚Dach Südamerikas‘ mit den höchsten Gipfeln außerhalb des Hima-laya-Gebirges. In den zentralargentinischen Anden stehen die höchsten Vulkane der Welt: Der Vulkan Ojos del Salado (6893 Meter) befindet sich in der Provinz Catamarca auf argentinisch-chilenischem Grenzgebiet, dicht gefolgt von dem Nevado Monte Pissis (6795 Meter) in derselben Provinz.

Argentinien lässt sich geografisch in vier Großzonen unterteilen: Im Westen verläuft von Norden nach Süden das Hochgebirge der Anden; im Nordosten befindet sich das zentrale Tiefland (Gran Chaco und Mesopotamien); im Zentrum die Pampa; vom Atlantik an die Anden und südlich des Rio Colorado erstreckt sich Patagonien. Hinzu kommen noch Feuerland an der Südspitze des Kontinents und Teile der Antarktis.

Rechts: Im trockenen Norden findet man ganze Landstriche voller Kakteen.
Folgende Seite: Die Estancia Sol de Mayo am Paso Roballos (Südliche Anden).
Unten: Die gelben (und äußerst stacheligen) Polster des Niñeo sind charakteristisch für den Übergang zwischen Anden und der patagonischen Steppe.

Laguna Azul im Parque Nacional Torres del Paine/Chile.

Die Anden

Im Westen Argentiniens erhebt sich das mächtige Hochgebirge der Anden entlang der Grenze zu Chile. Dessen nördlicher Abschnitt umfasst das wüstengleiche Puna-Hochgebirgsbecken in Salta und Jujuy, mit bis zu 6000 Meter hohen Bergen und Salzseen. Östlich der Zentralanden ziehen sich durch Salta bis in den Norden der Provinz Catamarca die Präkordilleren. Nach Süden verlaufen die Hauptkordilleren in zwei parallel gelegenen großen Bergketten.

Ein Grabenbruch schiebt sich zwischen Vorder- und Hauptkordilleren, die ins Landesinnere hinein durch die kleineren Bergzüge der Pampinen Sierren abgeschlossen werden. Die Südkordilleren beginnen in Patagonien in der Provinz Neuquén und erstrecken sich bis Feuerland. Sie sind durch schroff abfallende Hänge, urzeitliche Täler, Gletscher und Gletscherseen geprägt.

Zentrales Tiefland

Das zentrale Tiefland umfasst zum Teil die Pampa, die Gebiete Gran Chaco und Mesopotamien im Nordosten an der Grenze zu Paraguay und Brasilien. Die Steppenlandschaft der Pampa wird Richtung Westen zunehmend trockener, im Osten, an der Grenze zu Buenos Aires, erstreckt sich die feuchte Graslandschaft der *pampa húmeda*. Richtung Nordosten, die Flusstäler des Río Paraná und Uruguay hinauf, geht die fruchtbare Pampa-Landschaft in die Trockenwaldgebiete und Buschsavannen des Gran Chaco über. Chaco ist ein Name aus der indianischen Quechua-Sprache und bedeutet ‚Jagdfeld'.

Zwischen den Flüssen Paraná und Uruguay liegt das subtropische Mesopotamien. Gegen Nordosten steigt das Zweistromland zum immergrünen Bergland von Misiones an. Hier befinden sich auch die großen Wasserfälle von Iguazú.

Steppe in Patagonien.

Die Pampas

Pampa ist ein Quechua-Wort und kann als ‚baumlose Ebene' übersetzt werden. Die damit bezeichnete Landschaft lässt sich entfernt mit dem australischen Outback vergleichen. Die Pampa ist das Kernland Argentiniens: Man unterscheidet zwischen der feuchten Pampa (*pampa húmeda*) im Osten, die das gesamte Jahr über regelmäßige Niederschläge erhält, und der trockenen Pampa (*pampa seca*) im Westen, die in die Strauchsteppe des Monte übergeht. Die Pampa reicht quer durch das Land vom Atlantik zu den Anden. Im Norden beginnt sie südlich des Río Panamá und im Süden erstreckt sie sich bis Patagonien. Die feuchte Pampa ist das landwirtschaftliche Herz des Landes: 60 Prozent der Viehzucht und 90 Prozent des Ackerbaus werden hier betrieben.

In der Pampa wurzelt auch der Mythos des argentinischen Gauchos, des Viehzüchters, der auf den feudalen *estancias* (Großgrundbesitze) arbeitet und bei der Schafschur hilft. Um die Figur des Gauchos, den es auch in Brasilien, Uruguay und Chile gibt, sind zahlreiche Legenden entstanden. Ihm werden Mut und Heldentum zugeschrieben, was gewiss mit seiner bedeutenden Rolle in den Befreiungskriegen gegen die spanische Kolonialherrschaft zusammenhängt.

Patagonien

Südlich des zentralen Tieflandes, jenseits des Río Colorado, beginnt die riesige, sehr dünn besiedelte Landschaft Patagoniens. Dieses Tafel- und Schichtstufenland steigt von der Atlantikküste Richtung Anden auf 1500 Meter an; dazwischen liegen tiefgefurchte Täler, durch die breite Flüsse wie der 1000 km lange Río Chubut fließen. Patagonien erstreckt sich über das gesamte südliche Chile und Argentinien bis hinab zur Inselgruppe von Feuerland.

Klima

Argentinien vereint alle Klimazonen auf seinem Territorium. Feuchte, heiße Sommer herrschen im subtropischen Nordosten, Halbwüstenklima im Nordwesten, und der Winter in Südpatagonien und Feuerland treibt eisige polare Winde durch die Steppen. Abgesehen von diesen Extremen im Norden und Süden des Landes herrscht in Argentinien ein eher gemäßigtes Klima.

Die nordwestlichen Anden sind überwiegend trocken mit einer kurzen Regenzeit im Sommer. Zu ihnen zählen die so genannte Puna – eine der tro-ckensten Hochwüsten der Erde – sowie das steppenhafte Buschland des Monte am Fuß der Anden. Der Monte erstreckt sich vom Süden der Provinz Catamarca über die Provinzen La Rioja, San Juan, Mendoza, San Luís und La Pampa bis zur Grassteppe Patagoniens. Das Klima des Monte variiert je nach geografischer Breite, überwiegend herrscht hier ein kontinental-gemäßigtes Steppenklima mit 150–300 mm Niederschlag im Jahr.

In der Pampa herrscht ein gemäßigtes Klima. Richtung Osten wird auf Grund der Nähe zum Atlantik das Klima maritimer: Die Temperaturunterschiede zwischen Sommer und Winter sind gering, auf das ganze Jahr verteilt fallen regelmä-

Bunte Ascheablagerungen in den *bosques petrificados* bei Sarmiento, Provinz Chubut.

ßig Niederschläge. Weiter im Landesinneren, im trockeneren Westen, wird das Klima der Pampa zunehmend kontinental.

Im zentralen Norden Argentiniens, an der Grenze zu Bolivien und Paraguay, befindet sich der Gran Chaco, eine Region mit Dornbusch-savannen und Trockenwäldern. Hier sind die Sommer heiß und feucht, die Winter etwas ge-mäßigter und regenarm. Der Chaco kann als Hochofen Südamerikas bezeichnet werden, da sich hier der Hitzepol des Subkontinents befin-det: In der Stadt Rivadavia steigen die Tempera-turen im Sommer auf bis zu 50 Grad im Schatten.

Die subtropischen Regenwälder im Nordosten Argentiniens sind das ganze Jahr über feucht, vor allem in der Provinz Misiones, wo unter ande-rem die Wasserfälle von Iguazú zu besichtigen sind. Aber auch in den Provinzen Tucumán, Salta und Jujuy gibt es subtropische Regenwald-gebiete, die im Sommer extrem feucht und heiß werden. Im Gegensatz zum Norden das Landes ist im argentinischen Süden, in Patagonien, die westliche Region der Anden sehr feucht und kühl, während der Osten eine trockene Steppen-landschaft beherbergt.

Ganz im Süden, im argentinischen Feuerland, ändert sich aufgrund des Richtungswechsels der

Am südlichen Ende des Lago Argentino, Patagonien.

Andenkette das Ost-West-Schema in ein Nord-Süd-Schema: hier ist das südliche Bergland feucht, während der Norden der Insel von trockenen Steppen überzogen wird. Es herrscht das ganze Jahr über ein kühles und maritimes Klima. Die Winter in dieser Region sind von eisigen Polarwinden geprägt.

Bodenschätze

Argentinien ist außerordentlich reich an natürlichen Ressourcen. Es finden sich wertvolle Mineralsalze und Gesteine: Kupfererz, Steinkohle, Eisen, Zink, Glimmer und Kalkstein. Für die Wirtschaft bedeutender sind allerdings die Vorkommen an Erdöl und Erdgas im Nordwesten und in Patagonien. Der Name ‚Argentina' ist auf die Annahme zurückzuführen, das Land jenseits des Río de la Plata sei besonders reich an Silber (lateinisch ‚argentum'), was einst wertvoller war als Gold. Tatsächlich gibt es in Argentinien auch Silber und Gold, wenngleich nicht in so sagenhaften Mengen, wie es sich manch ein Conquistador erhofft hatte.

Flüsse und Gewässer

Den unterschiedlichen Klimazonen entsprechend, findet man in Argentinien nur im feuchten Osten Flusssysteme mit stetigen Zuflüssen

Rechts oben: Ein wild lebendes Guanako streift durch die Anden.
Rechts unten: Der Salto Grande im Nationalpark Torres del Paine.
Folgende Seite, links: Einer der vielen Wasserfälle von Iguazú.
Unten: Nationalpark Los Alerces in der Provinz Chubut im Grenzgebiet zu Chile.

Das Nandu ist eine südamerikanische Straußenart, die Laufgeschwindigkeiten von bis zu 60 km/h erreichen kann.

und Seen. Der trockene Westen ist ein weitestgehend abflussloses Gebiet, dessen Gewässer oft in der regenarmen Jahreszeit austrocknen.

Eine wichtige Verkehrsader des Landes ist der in Brasilien entspringende 3900 km lange Río Paraná, der gemeinsam mit dem Río Uruguay, der die Grenze zum gleichnamigen Nachbarland bildet, in den Río de la Plata fließt, das berühmten Süßwasserbassin nördlich von Buenos Aires.

Der Río Paraguay ist ein wichtiger Nebenfluss des Paraná, er entspringt ebenfalls in Brasilien. Argentiniens längster Fluss ist der Río Bermejo, der von Bolivien aus in den Paraná mündet. Im Süden schaffen es nur wenige Flüsse – der Río Chubut, Río Negro, Río Salado und der Río Colorado – die breiten Trockengebiete der Steppen von den Anden bis zum Atlantik zu durchqueren.

Ein bekannter argentinischer See und ein beliebtes Urlaubsgebiet ist die Laguna Mar Chiquita

im Nordosten der Provinz Córdoba. Nach dem Titicacasee zwischen Peru und Bolivien ist dies sogar der größte See Südamerikas. In Patagonien gibt es einen See, durch den die argentinisch-chilenische Grenze verläuft; in Argentinien trägt er den Namen Lago Buenos Aires, in Chile wird er General Carrera genannt. Nimmt man die argentinische und die chilenische Seite zusammen, ist dieser See noch ausgedehnter als Mar Chiquita. In Patagonien befindet sich das wegen seiner Schönheit viel gerühmte argentinische/chilenische Seengebiet, mit dem Lago Llanquihue auf der chilenischen Seite und dem Nahuel-Huapi-See an der Grenze zwischen Chubut und Neuquén in Argentinien.

Flora und Fauna

Argentinien erstreckt sich über 34 Breitengrade und vereint alle Klimazonen der Erde – entsprechend sind Flora und Fauna des Landes außerordentlich vielfältig. Es ist kaum möglich, eine einheitliche Beschreibung der vielen Tier- und

Pflanzenarten für das Land zu erstellen; geografisch müssen mindestens neun große Naturareale unterschieden werden:

Subtropischer Regenwald im Nordosten

Im immergrünen Regenwald von Misiones wachsen allein 200 Baumarten, darunter der Lapacho-Baum (von dem auch Teeblätter gewonnen werden), der Lorbeerbaum, Palisander, tropische Rosenhölzer und massive Guajaka-Bäume. Daneben sind Riesenzedern und diverse Palmenarten zu finden. Eine Besonderheit stellen die extrem widerstandsfähigen Quebracho-Bäume dar (spanisch für Axtbrecher), aus deren Kernholz Tannin und aus deren Rinde Gerb-stoffe gewonnen werden. Im feuchten Norden wächst auch der Mate-Baum, dessen Blätter die Grundlage für das Nationalgetränk *mate* liefern.

Die Tierwelt des Nordostens ist beeindruckend exotisch, man erblickt Affen, Tukane, Kolibris, Schlangen, Wildkatzen und Gürteltiere. Im Nationalpark Iguazú fliegen Schmetterlinge in den fantasievollsten Farben. Jaguare, Pumas und Gürteltiere sind seltener geworden. Leider ist auch der blaue Ara-Papagei ausgestorben.

Die Pampa

Dieses weite Grasland mit einer großen Vielfalt an – oft von Einwanderern importierten – Wildgräsern ist durch Eingriffe von Menschenhand

Vorhergehende Seite, rechts: Der Spegazzini-Gletscher im Nationalpark *Los Glaciares*.
Unten: Der Aguila Mora ist in Südamerika beheimatet, von Venezuela bis Feuerland.

geprägt und hat seine Ursprünglichkeit größtenteils durch Rodung und Abholzung von Buschland und Wäldern verloren. Abgesehen vom Eukalyptus, amerikanischen Platanen und Akazien, ist diese Ebene baumlos. Der feine steinfreie Boden der Pampa ist für Landwirtschaft hervorragend geeignet, sodass sich nur noch wenig ursprüngliche Vegetation erhalten hat.

Die Tierwelt der Pampa ist ebenfalls ausgedünnt. Es sind noch Nandus anzutreffen, die kleinen Verwandten der südafrikanischen Strauße; außerdem leben hier Stinktiere und Gürteltiere. Der bekannte Vogel der Region ist der Töpfervogel.

Chaco (Formosa, Entre Ríos und Corrientes)

Den Chaco durchziehen trockene Steppen sowie Savannen und Sümpfe. In den an Mesopotamien angrenzenden Feuchtgebieten haben sich Galeriewälder entlang der Flüsse gebildet. Im Gran Chaco wachsen auch dichte Weiden und Pappeln sowie der Hülsenfrüchte tragende Algarrobo-Baum. Auch hier findet sich der einzigartige Quebracho. In diesem subtropischen Klima gedeiht überdies der Ceibo, der Korallenbaum, dessen wunderschöne rote Blüte zum argentinischen Nationalsymbol wurde. Im trockenen Chaco-Gebiet gibt es fast nur Dornbüsche und Kakteen. Der Süden und Osten des Chaco mit seinem milderen Klima wird intensiv landwirtschaftlich genutzt, während der Norden noch weitestgehend unbestellt ist.

Die Tierwelt des Chaco weist Ähnlichkeiten zur Fauna der Pampa und Paraguay auf: Im feucht-heißen Norden leben Tapire, Schlangen und diverse Affenarten, im Paraná-Delta brüten Störche, Wildenten und Reiher, in den Lagunen von Iberá tummeln sich sogar Alligatoren, Wasserschweine und Sumpfhirsche.

Rechts: Junge Yerba-Mate-Blätter.
Unten: Kakteen-Landschaft in der Provinz Salta.

Das Wahrzeichen Patagoniens im frühen Morgenlicht: Cerro Fitz Roy.

Puna

In den Wüstenlandschaften oberhalb von 3500 Meter auf dem nordwestlichen Altiplano wachsen nur Polsterpflanzen und kleine Kakteen. An den tiefer gelegenen Hängen findet man Buschwald. Die hier wachsenden Kakteen werden sehr groß. Wenn sich die Salzseen der Hochpuna mit Wasser füllen, sind sogar Flamingos zu Gast. Die Puna ist ein Lebensraum für viele Tiere: Insbesondere die südamerikanischen Kamelarten der Guanakos, Lamas, Alpakas und Vikunjas, die eine besonders feine Wolle hergeben, sind hier heimisch. Zahlreiche Greifvogelarten wie Adler und Kondore kreisen am tiefblauen Himmel.

argentinischen Provinz Tucumán und reicht bis zur Mündung des Río Chubut, an der patagonischen Atlantikküste. Dornsträucher oder blattlose Rutensträucher sind charakteristisch für diese trockene Steppenlandschaft. Erst zur Blütezeit, vor der kurzen Regenperiode, blühen die Sträucher, Kakteen, Opuntien und Kräuter.

Die Pampinen Sierren des Monte bestehen aus Buschwald und von Kakteen durchsetzten Grasflächen. Hier wächst auch der knorrige *Algarrobo*, mit seinen tief reichenden Wurzeln. Die Tierwelt entspricht dem Chaco und der Pampa, mit Gürteltieren, Pampa-Hasen, kleinen Nagern, Schlangen und Stinktieren; allerdings lebt hier nicht das Nandu. Im subtropischen Feuchtwald begegnen einem mit etwas Glück auch Affen, sogar Jaguare und kleine Raubkatzen.

Patagonien und Südkordilleren

Südlich des Río Colorado beginnt die patagonische Strauch- und Wüstensteppe ohne natürlichen Baumwuchs. Stattdessen finden sich Dornbüsche und Gräser sowie verschiedene Kräuterarten. Die Tierwelt ist dennoch vielfältig: Auch hier leben Guanakos sowie Füchse, Hasen und Nandus.

Auf der Halbinsel Valdés kann man Wale, Orcas und Südkaper beobachten, außerdem Seelöwen, See-Elefanten, Robben und Pinguine. In den patagonischen Südkordilleren entstand wegen der größeren Niederschlagsmenge ein undurchdringlicher kalter Regenwald, in dem besondere Baumarten gedeihen, wie der Alerce oder der Lenga. Je weiter man nach Süden kommt, desto tiefer fällt die Baumgrenze. Von 1500 m im Norden sinkt sie bis auf 500 m im Süden.

Feuerland

Der Norden von *Tierra del Fuego* besteht aus trockenen Steppenlandschaften mit Schafweiden. Der höher gelegene Süden ist mit Laubwäldern bedeckt, Buchen wachsen in den Tallagen im-

Subtropischer Feuchtwald und Monte

Am östlichen Rand des Hochgebirges befindet sich in Salta und Jujuy ein regenreicher Feuchtwald, dicht bewachsen mit Moosen, Flechten, Orchideenarten und hohen Bäumen. Die trockene Monte-Strauchsteppe beginnt südlich der

Am Berg San Lorenzo in Patagonien.

mergrün, darüber laubabwerfend. Die Wald-
grenze liegt bei 600 m. Dazwischen liegen
Moorgebiete.

Die Tierwelt Feuerlands ist artenreich: Strauße
und Guanakos, sogar Albatrosse ziehen hier ihre
Kreise. Besonders belebt ist Feuerland mit
Wassertieren und Vögeln. Am Beagle-Kanal
tummeln sich Robben, Pinguine, Kormorane
und – eingeführt aus Nordamerika – Biber.

Umweltprobleme und Umweltschutz

Der Reichtum an Natur und natürlichen
Ressourcen wird mittlerweile leider durch Ausbeutung gefährdet, was gravierende Umweltschäden mit sich zieht; besonders die forstwirt-
schaftliche Ausbeutung der patagonischen Wälder stellt ein ernsthaftes Problem dar: Abholzung, Rodung und anschließende Überwei-
dung zerstören das ökologische Gleichgewicht.
Absichtlich gelegte Waldbrände vernichten den
natürlichen Baumbestand und werden durch in
der Region fremde Baumarten wie Kiefern
ersetzt – für Holz- und Ölfirmen.

Waldrodungen zerstören auch den tropischen
Norden des Landes. Brände und übertriebene
Nutzung des Weidelandes führen zu überdurchschnittlich starken Bodenerosionen. Die Über-
lastung der Felder und zu viele Monokulturen
lassen den Boden unfruchtbar werden.

Argentiniens Waldflächen haben sich in den vergangenen 80 Jahren auf weniger als ein Drittel
reduziert und sind von Anbauflächen für Soja
ersetzt worden. Genmanipulierter Soja hat sich
als Exportschlager für Biokraftstoff herausge-
stellt. In der Pampa schaden Überdüngung und
der Einsatz von Pestiziden der Natur. An den
Küsten des Atlantiks stört seit Jahren Überfischung empfindlich das Ökosystem und ganz im
Süden drohen durch den Treibhauseffekt auch
argentinische Gletscher zu schmelzen; mittlerweile verschwinden die südlichen Gletscher
schneller als die Eismassen in Alaska; das bestä-
tigen jüngste Forschungsergebnisse des Califor-
nia Institute of Technology.

In den städtischen Ballungsräumen, vor allem
um die Megapolis Buenos Aires, gefährden
Abgase, Industrieabfälle und schlecht entsorgter
Hausmüll die Luft- und Wasserqualität und ver-
ursachen Krankheiten.

Wie überall auf der Welt sind auch in
Argentinien zahlreiche Tierarten vom Aussterben bedroht, so etwa unter den Säugetieren

die Affen und die Wildkatzen, unter den Vögeln die Papageien, der Kondor und der Adler.

Auch die Meeressäugerpopulationen werden kleiner. Naturreservate und Nationalparks dienen dazu, Flora und Fauna der Naturareale zu schützen; tatsächlich werden auch zunehmend mehr Nationalparks gegründet, die Umweltschädigungen nehmen dennoch rasant zu.

Die argentinische Regierung ist sich längst über diese gravierenden Probleme im Klaren und hat viele Gesetze zum Umweltschutz entworfen – scheinbar zu viele, denn mittlerweile widersprechen sich einige Verordnungen und es herrscht Verwirrung über die normativen Zuständigkeiten (Bund oder Länder) im Umweltbereich, sodass viele Umweltschutzmaßnahmen bereits im Keim zu ersticken drohen.

Im Jahre 1994 wurde im Zuge der Verfassungsreform unter Menem ein Artikel zum Umweltschutz in das Gesetzbuch aufgenommen, der das ‚Recht auf eine saubere Umwelt‘ proklamiert. Somit hat in Argentinien jedermann die Pflicht, die Umwelt zu schützen und jeder einzelne ist für ihre Erhaltung und kontinuierliche Pflege verantwortlich.

GESCHICHTE – EIN ÜBERBLICK VON DER CONQUISTA BIS ZUR GEGENWART

Von der Besiedlung durch Europäer bis zur Unabhängigkeit von Spanien

Nach der Entdeckung Amerikas durch Christoph Kolumbus im Jahre 1492 teilte Papst Alexander VI. die Neue Welt großzügig unter den Königshäusern Kastiliens und Portugals auf.

Im 16. Jahrhundert waren die wichtigsten Zentren des spanischen Kolonialreiches die Vizekönigreiche Peru und Mexiko. Die spanische Krone beauftragte privatunternehmerische Expediteure, das Kolonialreich Richtung Süden auszudehnen und unbekannte Territorien zu erobern, auf denen reiche Mengen an Gold und Silber vermutet wurden.

Der jeweilige Eroberer erhielt im Gegenzug den Oberbefehl über die ihm untergeordnete Truppe sowie das Recht auf eine *encomienda* (Großgrundbesitz), einschließlich der auf diesen Ländereien lebenden *indios*. Als *encomenderos* gründeten die Kolonialherren die ersten spanischen Latifundien Südamerikas und verpflichteten Indianer zur Zwangsarbeit.

Links: Im 15. und 16. Jahrhundert zog es zahlreiche europäische Seefahrer in die weite Welt. Nicht nur ausgezeichnete Schiffsbauer, sondern auch kundige Kapitäne waren Voraussetzung für eine erfolgreiche Expedition.
Unten: *Das Reich, in dem die Sonne nie untergeht* – so wurde das spanische Königreich im 16. Jahrhundert genannt; seine Kolonien erstreckten sich um den gesamten Erdball, sodass auf spanischem Gebiet stets die Sonne schien.

Am 2. Februar 1516 erreichten die drei Karavellen des spanischen Seefahrers Juan Díaz de Solís als erste europäische Flotte den 200 km breiten Mündungstrichter des Río de la Plata. Diesen hielt Solís für einen Kanal, der den Atlantischen Ozean mit dem Pazifik verbinden würde, und so glaubte er, seine königliche Mission erfüllt zu haben. Seinen Irrtum vermochte er nicht mehr einzusehen, da er bei dem Versuch, einige Ureinwohner gefangen zu nehmen, von den Charrúa-Indianern getötet wurde.

Überlebende der spanischen Truppe fanden bei den Indianern Silber und nannten das Gebiet daher La Plata (spanisch: Silber). Vier Jahre später

erfüllte der portugiesische Seefahrer Fernão de Magalhães (spanisch: Magallanes) den Auftrag der spanischen Krone: Zwischen zahllosen Inseln südlich des amerikanischen Festlandes und Feuerland entdeckte er eine Passage, die in den Pazifischen Ozean führt und nachfolgend den Namen ‚Magellanstraße' erhielt. Erst 1615 schaffte es der niederländische Freibeuter Willem Schouten, Feuerland zu umsegeln und nannte diese äußerste Südspitze des Kontinents Kap Hoorn.

Als erster offizieller spanischer Kolonist auf dem heutigen Gebiet Argentiniens gilt der Spanier Pedro de Mendoza, dem es 1536 gelang, ein Fort

Rechts: Kirche in Tilcara, im Nordwesten Argentiniens.
Folgende Doppelseite: Strahlend hell leuchtet der Obelisk mitten auf der großen Avenida 9 de Julio von Buenos Aires in der Nacht.
Unten: Eiskalte Gewässer und Gletscher in Feuerland erwarteten auch die ersten europäischen Abenteurer.

Aus dem kleinen, unbedeutenden Hafenstädtchen Buenos Aires hat sich eine gewaltige Metropole entwickelt.

am Río de la Plata zu errichten und erfolgreich gegen die Ureinwohner zu verteidigen – im Gegensatz zu den europäischen Seemännern Alejo García und Sebastiano Caboto, die bereits zuvor das Land um den Paraná erkundet hatten, von den Einheimischen jedoch zurückgedrängt wurden.

Mendoza taufte die Siedlung am Río de la Plata nach einer Heiligen Schutzpatronin: Nuestra Señora de Santa María del Buen Aire. Daraus wurde später die Stadt Buenos Aires. Da er in dem Gebiet südlich des Río de la Plata jedoch nicht die erhofften Mengen Silber fand, zog er mit seinen Truppen bald enttäuscht in Richtung Paraguay.

Ein zweiter Schub kolonialer Truppen erreichte das Land aus dem Norden durch Expeditionen von Chile, Bolivien und Peru aus und gründete zwischen 1551 und 1593 die Städte Santiago del Estero, Mendoza, San Miguel de Tucumán, Córdoba, Salta, San Salvador de Jujuy und La Rioja.

1543 wurde das Vizekönigreich über alle spanisch-südamerikanischen Gebiete an Peru übertragen, was zu Folge hatte, dass Buenos Aires ein nur unbedeutendes Hafenstädtchen blieb, in dem sich unter anderem der Schmuggel ausbreiten konnte.

Während das Gebiet des heutigen Argentiniens dem peruanischen Vizekönigreich unterstand, befanden sich die bedeutsamsten kulturellen und wirtschaftlichen Zentren im Norden des Landes: Tucumán wurde zum wichtigsten Agrargebiet und Córdoba avancierte durch die Gründung einer Jesuitenuniversität ab 1613 zum Bildungszentrum. Koloniale Handelsschiffe durften nicht am Río de la Plata anlegen, sondern mussten ihre Waren über die peruanische Hauptstadt Lima anliefern.

Erst 1776, zur Zeit des Niederganges der bolivianischen Silberminen von Potosí, richtete der spanische König Carlos III. das Vizekönigreich

Die endlos erscheinenden Flächen in Patagonien schreckten auch die ersten europäischen Erkunder ab; hier waren weit und breit keine Silber- und Goldvorkommen zu entdecken.

Río de la Plata mit dem Hauptsitz Buenos Aires ein, um den Interessen der dort ansässigen Kaufleute entgegenzukommen und um zu verhindern, dass portugiesische Flotten weiterhin über den Freihafen Buenos Aires in spanisches Gebiet eindringen konnten.

Das neue Vizekönigreich umfasste das heutige Uruguay, Paraguay, Bolivien und Argentinien. Das Ende der Herrschaft von Peru und die neue Machtposition der bis dahin unbedeutenden und ärmlichen Region Buenos Aires brachten Unruhen und eine Spaltung der Bevölkerung in das Land.

Der Dauerkonflikt zwischen der weltoffenen Metropole Buenos Aires und den kreolischen Eliten im Hinterland bestimmte die historische Entwicklung des Landes fortan wesentlich mit, ja man könnte sogar behaupten, dass die Auswirkungen noch heute spürbar sind.

Die Befreiung – Zeit der Unabhängigkeit

1806 griffen englische Truppen unter der Führung der Offiziere Popham und Beresford die Stadt Buenos Aires an – angeblich ohne Erlaubnis des englischen Königs. Besiegt wurden sie nicht von den Militärs der spanischen Kolonialmacht, sondern von einer eigenständigen nationalen Widerstandsgruppe, die auch 1807 einen erneuten Angriff der Engländer abwehren konnte. Das bestärkte das Selbstbewusstsein der Kreolen, wie die in Südamerika geborenen Nachfahren spanischer Einwanderer genannt werden, und bekräftigte ihre Zuversicht, dass es längst an der Zeit sei, sich von der spanischen Vorherrschaft zu lösen.

Als Napoleon 1808 in Madrid einmarschierte und die Herrschaft an sich riss, bewirkte diese Schwächung des spanischen Königreiches eine Krise in den zentral- und südamerikanischen

Gebieten, aus der die Unabhängigkeit des heutigen Argentiniens hervorgehen sollte.

Im Mai 1810 kam es zu Protesten auf der berühmten Plaza de Mayo in Buenos Aires. Vor dem Regierungsgebäude *Cabildo* versammelte sich das Volk und verlangte die Absetzung des spanischen Vizekönigs – mit Erfolg. Cisneros wurde seines Amtes enthoben und an seiner Stelle bildete sich eine revolutionäre Regierungsjunta, genannt Junta de Mayo.

Innerhalb der Junta entstanden bald zwei Fraktionen; eine davon wurde von Cornelio Saavedra geführt, die andere stand unter der Leitung von Mariano Moreno. Letzterer war Republikaner und stützte sich mithin auf die Ideen des französischen Aufklärers Rousseau. Er veranlasste die Publikation der spanischen Übersetzung des ‚Contrat social' in Argentinien. Saavedra wurde schließlich der erste Präsident der Junta.

Buenos Aires entwickelte sich fortan zu einer Wirtschaftsmetropole, die sich von dem spanisch monarchischen Geist mit Blick auf andere europäische Länder gelöst wusste, während in den Provinzen des Nordwestens der iberische Einfluss lebendig blieb.

Die reichen spanischen Kolonialisten im Land, Großgrundbesitzer und Kleriker der katholischen Kirche, hielten an der alten Ordnung fest und lehnten die liberale Gesinnung in Buenos Aires durchweg ab.

Das ehemalige Rathaus, Cabildo, auf der zentralen Plaza de Mayo steht heute zur Besichtigung offen .

Vor allem in Córdoba, der wichtigsten Stadt des Interiors, versammelten sich die Konterrevolutionäre. Sie befürchteten zu Recht, von einer politischen Abhängigkeit gleich in die nächste zu geraten; nach der Zerschlagung des peruanischen Vizekönigreichs weigerten sich die Provinzeliten die Alleinherrschaft von Buenos Aires anzuerkennen.

So bildeten sich Anfang des 19. Jahrhunderts zwei politische Lager heraus: Die Unitarier (*Unitarios*), überwiegend Reeder und Kaufleute aus Buenos Aires, strebten nach einer Zentralregierung mit Sitz am Río de la Plata. Dagegen bestanden die Föderalisten – Viehzüchter, Handwerker und konservative Eliten aus den Binnenprovinzen – auf eine Konföderation autonomer Provinzen.

1816 wurde ein Kongress zur Rettung der nationalen Einheit gegründet, auf welchem zunächst formell die Unabhängigkeit von Spanien erklärt und in Tucumán erstmals die hellblauweiße Flagge der vereinigten Provinzen Argentiniens gehisst wurde. Eine aus dem Kongress hervorgegangene Junta beauftragte General San Martín in der Folge mit einem für ganz Lateinamerika bedeutsamen Kampf gegen die noch anwesenden spanischen Kolonialherren.

Gemeinsam mit seinem Verbündeten Bernardo O'Higgins führte er Peru, Chile und Bolivien zur Unabhängigkeit. Aufgrund gegensätzlicher politischer Interessen musste San Martín flüchten – die Regierung unterstellte ihm umstürzlerische Absichten – und starb 1850 im französischen Exil.

Die Ehrengarde *Regimiento de Granaderos a Caballo* ist eines der ältesten Regimenter Argentiniens.

Erst viele Jahre nach seinem Tod erfuhr der General eine historische Aufwertung; heute gilt er in Argentinien als nationaler Heros; es gibt kaum eine Stadt, in der nicht eine Plaza oder Avendia nach ihm benannt ist.

Nach der Befreiung durch San Martín spitzte sich der Konflikt zwischen Unitarios und Federales im Lande zu; die Interessen der Handelsmetropole Buenos Aires und der ländlichen Welt der Großgrundbesitzer waren tief gespalten. Die einflussreichen Porteños, wie die Bewohner der Hafenstadt immer noch genannt werden, kontrollierten den gesamten Im- und Export des Landes und kassierten zudem üppige Steuern.

Bald galten die Porteños als arrogant und überheblich – dieser Ruf haftet ihnen in den Augen vieler Provinzler noch heute an. 1826 wurde Bernardo Rivadavia der erste Präsident Argentiniens. Doch seine Regentschaft scheiterte bald an den Konflikten mit den Föderalisten.

Anfang der 1830er Jahre eskalierten die Interessenkonflikte zwischen Föderalisten und Unitariern und mündeten in einen Bürgerkrieg. Buenos Aires unterlag zunächst. Die Regierung übernahm der reiche Föderalist, Estanciero und Schiffseigentümer Juan Manuel Rosas; er führte in dem Land rund zwanzig Jahre lang ein diktatorisches Regime. Seine Gegner ließ er enthaup-

Rechts: Das argentinische Nationalgetränk ist der *Mate-Tee*.
Folgende Doppelseite: In der patagonischen Steppe bei Los Altares.
Unten: Das *Monumento a los Héroes de la Independencia* von 1950 steht in Humahuaca und erinnert an die Schlachten des Unabhängigkeitskrieges gegen die Spanier.

ten und zur Abschreckung auf öffentlichen Plätzen zur Schau stellen.

Trotz seiner föderalistischen Verpflichtung regierte Rosas ganz zentralistisch von Buenos Aires aus. Seine politischen Gegner kritisierten ihn als brutalen und reaktionären Caudillo und besiegten ihn schließlich 1852 in der Schlacht von Caseros. Nach dem Sturz von Rosas gestanden die Bürgerkriegsparteien jeder Provinz zwei Abgeordnete für eine neu zu gründende Verfassung (*constitución*) zu, was den Unmut der Porteños erneut hervorrief. Aus Trotz erschienen sie 1853 gar nicht erst zur Versammlung für die Constitución Nacional in Paraná. Die Import- und Exporteinnahmen kamen fortan nicht mehr allein der Metropole zu, sondern flossen in die nationale Staatskasse der frisch gegründeten Republik. Der alte Konflikt zwischen Metropole und Hinterland bestand somit fort.

Der neue Präsident, Justo José de Urquiza, trat sein Amt mit Unterstützung der 13 Provinzen, doch ohne die Stimmen der Hauptstadt am Río de la Plata an. Die Provinz Buenos Aires erklärte 1854 sogar ihre Unabhängigkeit vom Rest des Landes, allerdings nur für vorübergehende sechs Jahre, während Paraná in der Provinz Entre Ríos zur Hauptstadt der Konföderation (genannt Provincias Unidas del Río de la Plata) wurde.

Urquiza regierte (1854 bis 1860) von der neuen Hauptstadt aus und bemühte sich um einen Einheitsstaat. Buenos Aires erkannte schließlich (1862) die Verfassung von 1853 an, die noch heute in abgeänderter Form Gültigkeit besitzt. Somit war Argentinien erstmals eine Republik mit Präsidialsystem.

Doch fehlten dem Land qualifizierte Arbeitskräfte und Siedler in den riesigen ländlichen Pro-

Am Lago Conguillio bei Temuco/Chile.

vinzen. Mehr als die Hälfte der Einwohner lebte in der Metropolregion am Río de la Plata. So warb Argentinien Ende des 19. Jahrhunderts eine Vielzahl europäischer Einwanderer an: unter anderem aus England, Skandinavien, Frankreich und Deutschland – der Großteil kam allerdings aus Italien, gefolgt von Spanien.

Die moderne Republik Argentinien – das reichste Land der Welt

Als Begründer der modernen Republik Argentinien gilt Präsident Domingo F. Sarmiento (1868 bis 1874). Er trat als Nachfolger des unitaristischen Generals Bartolomé Mitre an und setzte sich vor allem für den Ausbau des Bildungssystems ein. Aus Sarmientos Feder stammt das berühmte Werk ,Barbarei und Zivi-

lisation', in dem er sich für demokratische Ideale ausspricht: Bildung, Unabhängigkeit der Justiz und Pressefreiheit. Für Sarmiento und seine Anhänger galt alles Erbe der spanischen Kolonialepoche als ,barbarisch', den Fortschritt lähmend, und zu dieser ,Barbarei' – im Gegensatz zur ,Zivilisation' – zählten für ihn auch die indigenen Einwohner.

Als wichtigsten Widersacher Sarmientos kann man den späteren romantischen Dichter und Politiker José Hernández betrachten, der dem Zivilisationsgedanken sein Versepos ,Martín Fierro' entgegensetzte. Mit diesem Werk machte er den argentinischen Gaucho – der für Sarmiento ebenfalls nur ein Barbar war – zum Symbol autochthoner Kultur.

Unter der Regentschaft von General Julio A. Rocas (1880 bis 1886) dehnte sich Argentinien

Gauchos prägen das Gesicht Patagoniens (Estancia Menelik).

Rinderzusammentrieb auf der Estancia Lego Belgrano/Parque Nacional Perito Moreno.

nach Süden und Westen aus. Im weitestgehend noch von Indianern bewohnten Patagonien ließ er die indigenen Ureinwohner gezielt auslöschen, wenn sie seinem Unternehmen Widerstand leisteten. Er organisierte einen systematischen Genozid der *indígenas*, was er ganz euphemistisch als ‚Wüstenkampagne' umschrieb. 1879 gab er 375 000 km² der Pampas für wirtschaftliche Zwecke frei. So entwickelte sich das Land zum weltweit größten Fleisch-, Getreide- und Wollexporteur.

Die Pampas, bis einschließlich Patagonien, wurden parzelliert und unter einer kleinen kreolischen Elite aufgeteilt – die Besitzer riesiger, ertragreicher *estancias*. Es bildete sich eine Oligarchie aus *estancieros*, Agrarexporteuren und Handelsmagnaten, die nach kurzer Zeit das Land wirtschaftlich und politisch beherrschte.

Das im Hinterland erwirtschaftete Geld kam vor allem in der Haupt- und Hafenstadt Buenos Aires in Umlauf, von wo aus die ertragreichen Güter – Fleisch, Wolle, Leder, Getreide – weltweit exportiert wurden. 1880 erklärte Rocas Buenos Aires endgültig zur Hauptstadt der Republik.

Die Republik Argentinien wandte sich Ende des 19. Jahrhunderts entschieden von den alten spa-

Edle Casinos und ein abwechslungsreiches Nachtleben wissen Argentinier bis heute zu schätzen.

nisch-katholischen Einflüssen ab. Stattdessen orientierte sie sich – vor allem die Metropole Buenos Aires – an den kulturellen Einflüssen Englands und Frankreichs und richtete sich politisch und wirtschaftlich nach ihnen aus.

England erfuhr zur Zeit der Industrialisierung einen Wirtschaftsboom, von dem Argentinien direkt profitieren konnte. Reichlich englisches Kapital floss nach Buenos Aires und in die Pampa. Engländer finanzierten das erste argentinische Schienennetz.

Selbst die berühmten argentinischen Rinder wurden ursprünglich aus England importiert; die Zucht- und Füttermethoden entsprachen englischen Regeln, damit das vorwiegend auch nach England zurück exportierte Fleisch genau dem Geschmack der Wohlhabenden dort traf. Englische Mode und englische Sitten – wie Teetrinken oder lässiges Händeschütteln zur Begrüßung – hielten Einzug am Río de la Plata.

Domingo Faustino Sarmiento hegte eine große Bewunderung für Frankreich und verachtete alles Spanische als plebejisch und unkultiviert. Diese Frankophilie wirkte bis zur Jahrhundertwende in Buenos Aires nach.

In der Belle Epoque war die argentinische Hauptstadt vom ästhetischen Empfinden

Denkmal für den Unabhängigkeitskämpfer San Martín.

Frankreichs beeinflusst, was deutliche Spuren in der Architektur und in der Literatur jener Zeit hinterließ. Im Zuge dieser englischen und französischen Beeinflussung des gesellschaftlichen und kulturellen Lebens in Argentinien kristallisierte sich bereits ein wichtiger Aspekt jener Identitätssuche heraus, wie sie für Argentinier – insbesondere für Porteños – noch heute charakteristisch ist. Aus der Faszination für Europa sowie der gleichzeitigen Ablehnung der europäischen und indianischen Wurzeln bildete sich ein widersprüchliches Nationalgefühl heraus.

Vom Nationalstaat zum Peronismo

1890 war Buenos Aires mit rund 700 000 Einwohnern die größte und wichtigste Stadt in Lateinamerika. Doch vom Wirtschaftsaufschwung
profitierte nur eine kleine, in sich zusätzlich ge-
spaltene Oberschicht, die sich mittels Korruption und Patronage immer mehr bereicherte. Sie
zahlte eine verschwindend geringe Steuerquote
an den Staat, was die Regierung schon bald zur
Aufnahme ausländischer Kredite zwang. Als

Gegenreaktion wurden die ersten Parteien gegründet, die es noch heute gibt: die radikale Bürgerunion, *Unión Cívica Radical*, sowie eine sozialistische Partei, *Partido Justicialista*, die die Interessen der Arbeiterklasse vertreten sollte.

1916 fanden die ersten demokratischen Wahlen statt (den Frauen blieb das Stimmrecht allerdings bis 1949 verwehrt). Neuer Präsident wurde der Kandidat der radikalen Bürgerunion, Hipólito Yrigoyen. Er bemühte sich, sowohl den Interessen der Großgrundbesitzer als auch denen der wachsenden Mittelschicht gerecht zu werden, verzichtete jedoch nicht auf repressive Mittel. Arbeiterstreiks wurden mit Gewalt unterdrückt. Während des Ersten Weltkrieges fuhr Argentinien einen bewusst neutralen Kurs, um alle europäische Handelspartner halten zu können. Dennoch stürzte die Weltwirtschaftskrise 1929 auch Argentinien in ein ökonomisches Chaos, sodass 1930 ein Militärputsch, angeführt von General Uriburu, den amtierenden Präsidenten Yrigoyen stürzte und 1931 manipulierte Wahlen General Augustín P. Justo an die Regierungs brachten.

In den Jahren bis zum Zweiten Weltkrieg kamen durch weitere Wahlbetrügereien und Vetternwirtschaft mehrere Präsidenten in Folge an die Macht, die allesamt antidemokratischer Gesinnung waren und die sozialen Errungenschaften aus der Zeit von Yrigoyen wieder abschafften.

Rechts: *„Nos vamos"* – Wir gehen bzw. schließen steht auf dem Schaufenster des Ladens.
Unten: Heute gibt es viele Armenviertel im gesamten Land und die politischen Schwierigkeiten bestehen fort; die beiden Mädchen aus der *villa miseria* im Großraum Buenos Aires können trotzdem noch lachen.

Demonstration von Landarbeitern auf der Plaza de Mayo in Buenos Aires.

Auch während des Zweiten Weltkrieges verhielt sich der argentinische Staat bewusst neutral – um den Handel mit Europa nicht zu gefährden, aber auch aus Sympathie für die Achsenmächte Deutschland, Italien und Spanien. Dennoch brachen die hauptsächlich europäischen Absatzmärkte ein und vor allem europäische Importe blieben aus, was sich auf die argentinische Wirtschaft negativ auswirkte.

Die soziale Unzufriedenheit nahm zu und das Militär stürzte erneut die Regierung (1943). Der Kongress wurde aufgelöst, Gewerkschaften und sämtliche Parteien verboten, in Patagonien entstanden Straflager für Oppositionelle und kritische Intellektuelle wurden verfolgt.

Die Militärs schlugen eine extrem rechtsnationale Richtung nach dem Vorbild Hitlers und Mussolinis ein. Nur manövrierten sie das Land dadurch außenpolitisch in eine Sackgasse, denn der Faschismus in Deutschland und Italien wurde, insbesondere von den USA, längst kritisch beäugt. Auch England, der wirtschaftliche ‚Schutzpatron' Argentiniens, unterstützte die faschistischen Tendenzen keineswegs. So übten die USA

Druck aus, um das argentinische Militärregime zu isolieren. Die beharrlich neutrale Haltung gegenüber den Geschehnissen im Zweiten Weltkrieg musste Argentinien schließlich aufgeben. Als letztes Land der Welt erklärte es erst 1945 Deutschland und Japan den Krieg.

Erneut folgten chaotische Verhältnisse mit Übergangslösungen, bis sich ein Mann an die Spitze der politischen Bewegungen drängte, der wie kein anderer die argentinische Geschichte im 20. Jahrhundert prägen sollte: Juan Domingo Perón. Zunächst tat er sich als Sozial- und Arbeitsminister hervor und betrieb eine konsequente Sozialpolitik; es gab feste Arbeitszeitregelungen, Sozial- und Unfallversicherungen für Arbeiter, ein 13. Monatsgehalt sowie feste Höchstpreise für Genuss- und Nahrungsmittel. Insbesondere die weniger wohlhabenden Schichten im Land empfanden Sympathie für Perón. Im Februar 1946 wurde er mit weit über 50 Prozent der Stimmen zum Präsidenten gewählt. Er nannte seine Politik Justicialismo, und die von ihm gegründete Partei, Partido Justicialista, ist gegenwärtig die größte Partei Argentiniens. Sie steht noch immer der Unión

Cívica Radical oppositionell gegenüber. Diese beiden Parteien haben seither immer wieder abwechselnd die Regierung übernommen.

Augenscheinlich war Perón ein großer Sozialpolitiker, tatsächlich betrieb er aber eher eine Form von nationalem Populismus – er wechselte schnell den Kurs, wenn es darum ging, die Fäden der Macht in der Hand zu behalten. Zum einen stützte er sich auf den Einfluss der Gewerkschaften, deren Anhänger überwiegend Arbeiter der unteren Schichten waren, so genannte *descamisados* (Hemdlose) und einen hohen Preis für diese sozialen Einrichtungen zahlen mussten. Die Gewerkschaften waren nahezu militärisch organisiert und verlangten unbedingten Gehorsam. Peróns zweiter Machtpfeiler war die Armee – das argentinische Heer rüstete er kräftig auf.

Folgende Seite: Schuhe putzender Junge in Buenos Aires.
Unten: Evita und Juan Perón in prächtiger Abendgarderobe. Die First Lady war Sängerin und Schauspielerin und setzte sich für das Frauenwahlrecht ein; sie verstarb in jungen Jahren an Leukämie.

Hunderte Arbeiter fahren zur Plaza de Mayo, um ihren Präsidenten Perón zu unterstützen, nachdem das Militär versucht hatte, gegen ihn zu putschen (1951).

Seine magnetische Wirkung auf die argentinischen Massen wäre vermutlich undenkbar gewesen ohne die Unterstützung seiner jungen Frau, Eva Perón. Als ‚Evita' ist die mit nur 33 Jahren an Leukämie Verstorbene zur Legende geworden und genießt auch heute noch von vielen Seiten große Bewunderung.

Evita hielt flammende Ansprachen, in denen sie Peróns Ideologie verherrlichte und Unterordnung unter den Staatsherren empfahl. Sie selbst leitete das Regierungsbüro für Arbeit und Wohlfahrt und setzte sich für die Einführung des Frauenwahlrechtes ein.

Peróns Flucht und der Terror der Diktaturen

Evitas früher Tod (1952) warf einen Schatten auf die Euphorie der ersten Jahre unter Perón. Zwar wurde er 1951 mit einer 60-prozentigen Mehrheit erneut gewählt, doch die wirtschaftliche Lage im Land verschlechterte sich dramatisch.

Eine Inflationsrate von 30 Prozent traf vor allem seine Hauptanhängerschaft in den unteren Schichten. Perón versuchte durch ökonomische Maßnahmen entgegenzuwirken, verlor seine Glaubwürdigkeit aber unter anderem durch den Verkauf lukrativer Erdölrechte an kalifornische Öl-Multis und durch Unterdrückung von Streiks der durch ihn einst protegierten Arbeiterklasse.

Seine schärfsten Gegner befanden sich in den Reihen des konservativen Klerus, bald stellten sich auch das Militär und die Großgrundbesitzer gegen ihn. 1955 putschte das Militär, verbot die peronistische Partei, verfolgte ihre Anhänger und setzte General Lonardi an die Regierungsspitze. Perón gelang die Flucht ins Exil nach Spanien. Seine sozialen Reformen im Land wurden wieder rückgängig gemacht. Er gab sich aber keineswegs geschlagen.

Enttäuscht von den schnell wechselnden Häuptern der Folgeregierungen – unter anderem putschte sich 1966 der neoliberale und Richtung USA gewandte General Onganía an die Macht – entsann sich das Volk wieder des untergegangenen Leitbildes Peróns und hielt ihm auch während seiner Abwesenheit die Treue.

1973 gelang ihm tatsächlich der triumphale Wiedereinzug in das Präsidentenamt. Mittlerweile hatte sich seine Partei in die einander feind-

lich gesonnenen Lager der Rechtsperonisten und Linksperonisten gespalten, die sich gegenseitig regelrecht massakrierten. Perón blieb kaum noch Zeit, der Lage Herr zu werden, er starb bereits 1974.

Es folgte ihm seine dritte Frau ‚Isabelita' in das Amt, die es nicht vermochte, das Land aus der innenpolitischen und wirtschaftlichen Krise zu führen. Hohe Auslandverschuldung und Inflation zerrütteten die Republik, hinzu kamen Terroranschläge und Attentate der hauptsächlich aus den linksperonistischen Strömungen formierten Guerilla-Gruppen der Montoneros.

Als Gegenreaktion rief der rechtsperonistische Minister José López Rega die Alianza Anticomunista Argentina, ins Leben. Diese Organisation übte unter dem Namen *Triple A* während der folgenden Militärdiktatur von 1976 bis 1983 den wohl grausamsten Terror der argentinischen Geschichte aus.

Catedral Metropolitana de Buenos Aires, so der Name der katholischen Kathedrale in der Innenstadt von Buenos Aires.

Akten der Verschwundenen dokumentieren penibel den Massenmord, den die Militärdiktatur zu verantworten hat.

Eine dreiköpfige Militärjunta unter der Führung von General Jorge Videla führte mit bestialischer Gründlichkeit das aus, was sie als nationale Säuberung von subversiven Elementen bezeichnete, offiziell ‚Prozess der nationalen Reorganisation'.

Sie setzten die Verfassung zum Teil außer Kraft; an ihre Stelle trat der Consejo de Seguridad Nacional (Nationaler Rat für Staatssicherheit). Dadurch konnte jeder Bürger, der nicht absolut regimetreu erschien oder unter dem Verdacht stand, Kritik zu äußern, verfolgt und ermordet werden. Hierzu errichtete das Regime Folterkammern und wandte Methoden an, die es größtenteils in US-amerikanischen Militärcamps gelernt hatte. Viele Menschen verschwanden spurlos, indem sie betäubt aus Flugzeugen über dem Río de la Plata ins Meer geworfen wurden. Auch Schüler, Studenten, alte Menschen und schwangere Frauen wurden Opfer der Triple-A; in Gefangenschaft geborene Babys wurden zur Adoption für Militärs freigegeben, während die Eltern getötet wurden.

Rund 30 000 Menschen sollen unter dem sieben Jahre während Terrorregime umgekommen sein. Wesentlichen Widerstand leisteten die Mütter der Opfer, sie versammelten sich jeden Donnerstag auf der Plaza de Mayo vor dem Regierungsgebäude zu einem Klagemarsch. Diese *Madres de la Plaza de Mayo* hielten Bilder ihrer verschwundenen Kinder hoch und forderten Aufklärung.

Die Junta war wirtschaftlich liberal ausgerichtet und begünstigte insbesondere US-amerikanische Investoren, was nur privaten Spekulanten hohe Gewinne einbrachte, dem Staat aber nicht zugutekam, der durch wachsende Auslandsverschuldung und Inflation bald ruiniert war.

Um von den innenpolitischen Problemen abzulenken, besetzten die Militärs 1982 die zu England gehörenden Falklandinseln. Nach nur sechs

Wohnsiedlungen im Viertel Avellaneda, außerhalb der Großstadt Buenos Aires.

Wochen Krieg verloren sie jedoch, eindeutig unterlegen.

Als im selben Jahr das erste Massengrab gefunden wurde, nahm der Protest in der Bevölkerung rasch zu. Die Militärs mussten unter dem Druck massiver Demonstrationen die Casa Rosada räumen und gestatteten freie Wahlen.

Wege aus der Krise

So kam 1982 Raúl Alfonsín, der Kandidat der Bürgerunion (UCR) an die Regierung. Alfonsíns Programm rief zunächst Begeisterung in der Bevölkerung hervor: Abbau der Auslandsverschuldung, Umverteilung der Einkommen und vor allem Aufklärung der schrecklichen Vergangenheit.

Erstmals in der Geschichte Lateinamerikas kamen die Machthaber einer Militärdiktatur vor ein ziviles Gericht. Eine Wahrheitskommission legte einen 500-seitigen Bericht mit dem Titel *Nunca Más* (Nie Wieder) über die Gräueltaten vor und die viele Militärs wurden fünffach zu lebenslänglicher Haft verurteilt.

Doch stellte sich bald heraus, dass ihr Einfluss in Politik und Wirtschaft noch währte. Zu ihrer Beschwichtigung musste Alfonsín 1986 das Schlusspunktgesetz (*Ley de Punto Final*) ins Leben rufen und hob die Haftbefehle damit wieder auf, unter dem Vorwand, nur durch Vergessen könne das Land wieder in Frieden leben.

Als 1989 der Peronist Carlos Menem die Regierung übernahm, versuchte dieser, Argentiniens Wirtschaft durch eine extrem neoliberale Politik

Frau im Armenviertel *La Cava* in San Isidro, Großraum Buenos Aires.

wieder anzukurbeln. Zunächst schien sein Vorgehen durchaus fruchtbar; 1995 wurde er mit eindeutiger Mehrheit wiedergewählt.

Bald jedoch schlug das Pendel um. Sein Programm: Liberalisierung und Privatisierung der Wirtschaft sowie Währungsparität des Pesos mit dem US-Dollar konnte anfangs die Inflation stoppen und die Wirtschaftslage verbessern. Menem begünstigte aber wie kaum einer seiner Vorgänger korrupte Machenschaften.

Der Gewerkschaftsführer und ehemalige Arbeitsminister Luis Barrionuevo antwortete auf die Frage, wie er zu seinem Privatvermögen gekommen sei, in der Zeitung *Le monde diplomatique Buenos Aires* (11.01.2008) mit dem Satz: „In diesem Land wird niemand durch Arbeit reich." Menems US-orientierter, neoliberaler Kurs

konnte die Wirtschaft nicht dauerhaft stabilisieren: Das Land nahm zwar durch Privatisierung all seiner staatlichen Unternehmen, einschließlich der Öl- und Gasindustrie, 40 Milliarden Dollar ein, verlor aber gerade durch diesen Ausverkauf seine wichtigsten langfristigen Einnahmequellen.

Zu Beginn der Regierungszeit Menems betrug die Höhe der argentinischen Auslandsverschuldung rund 59 Millarden Dollar, gegen Ende seiner Amtszeit, 1999, belief sich die Rate auf ca. 145 Milliarden Dollar. Damit hat sich die Schuldenhöhe unter Menem (1989 bis 1999) mehr als verdoppelt. Was die Aufklärung der Verbrechen unter der Diktatur 1976 bis 1983 betrifft, enttäuschte Menem auch: 1990 ließ er die verurteilten Militärs begnadigen und setzte sie wieder auf freien Fuß.

Nach Menem folgten Fernando de la Rúa (1999) und Eduardo Duhalde (2002), die mit der schwersten Wirtschaftskrise der jüngsten Vergangenheit Argentiniens verknüpft sind: dem *corralito* und dem *corralón* (siehe Kapitel: Wirtschaft).

Wirklich neue, positive Perspektiven konnte erst der Patagonier und Linksperonist Néstor Kirchner bringen, der ab 2002 das Land aus der Krise führte und auch in puncto Vergangenheitsbewältigung klare Zeichen setzte: Er ließ das Amnestiegesetz, das die Täter der während der Militärdiktatur begangenen Verbrechen begnadigte, wieder aufheben.

Ihm folgte 2007 seine Gattin Cristina Fernández de Kirchner als erste Frau in das Präsidentenamt.

Aktuellen Umfragen zufolge gelingt es ihr aber bei Weitem nicht, den Beliebtheitsgrad ihres Ehemannes zu erreichen.

Seit Cristina Kirchner im März 2008 eine stufenweise steigende Exportsteuer per Verordnung verfügt hatte, liefen die Bauern im Lande Sturm. Die Agrarverbände bekamen schließlich Recht, der Senat lehnte im Juli 2008 die progressive Exportbesteuerung für Agrarprodukte ab. Dies verantwortet vor allem der Vize-Präsident Julio Cobos. Der ,zweite Mann im Land' sprach sich in einer Senatsabstimmung gegen die Erhöhung der Exportsteuer für Soja und Weizen aus. So musste die Präsidentin von ihrer Gesetzesvorlage Abstand nehmen. *La Reina* – die Königin, wie Cristina Kirchner von den Medien genannt wird, versprach bei ihrem Amtsantritt im Dezember

Auf einer Müllhalde am Stadtrand von Concordia arbeitet die ganze Familie, um sich ein kleines Einkommen zu sichern.

2007, sie wolle vor allem den Armen im Land eine bessere Zukunft sichern. Zwar konnte seit den Krisenjahren 1999 bis 2002 die Zahl der unter der Armutsgrenze lebenden Menschen halbiert werden, dennoch lebt noch rund ein Viertel der Bevölkerung in Armut. Dies dauerhaft zu ändern ist eine große Herausforderung für die Peronistin.

Indianische Kulturen – die indigenen Völker Argentiniens

Lange vor der Eroberung durch Europäer war das heutige argentinische Gebiet von zahlreichen indianischen Volksstämmen bewohnt. Aus dem sich erst relativ kurz vor der Conquista formierten Inkareich hielt die erste Hochkultur Einzug über die Anden in den Nordwesten Argentiniens.

Die Gebiete der Provinzen Salta, Jujuy und Tucumán wurden 1480 an das inkaische Großreich Tawantinsuyo annektiert. Das Inkareich umfasste insgesamt das Areal des andinen Hochlandes in Ecuador, Peru, Bolivien, Nordchile und Nordwestargentinien. Gegenwärtig leben in diesen Territorien überwiegend Mestizen oder Nachfahren europäischer Einwanderer.

Das Wort *indio* umschreibt in Argentinien heute selten die Ureinwohner der Anden und Steppen des Landes, meistens wird dieser Begriff recht uneindeutig für Mestizen gebraucht oder generell für arme, dunkelhäutigere Landarbeiter im Gegensatz zur urbanen europäisierten Schicht. Leider haftet diesem Begriff in Argentinien daher oft etwas Negatives an und viele Argentinier sind nicht gewillt, sich mit dem Thema der

Während der Wirtschaftskrise 2001/2002 wurde zeitweise ein bargeldloses Währungssystem eingeführt, mit sogenannten *trueques* als Zahlungsmittel.

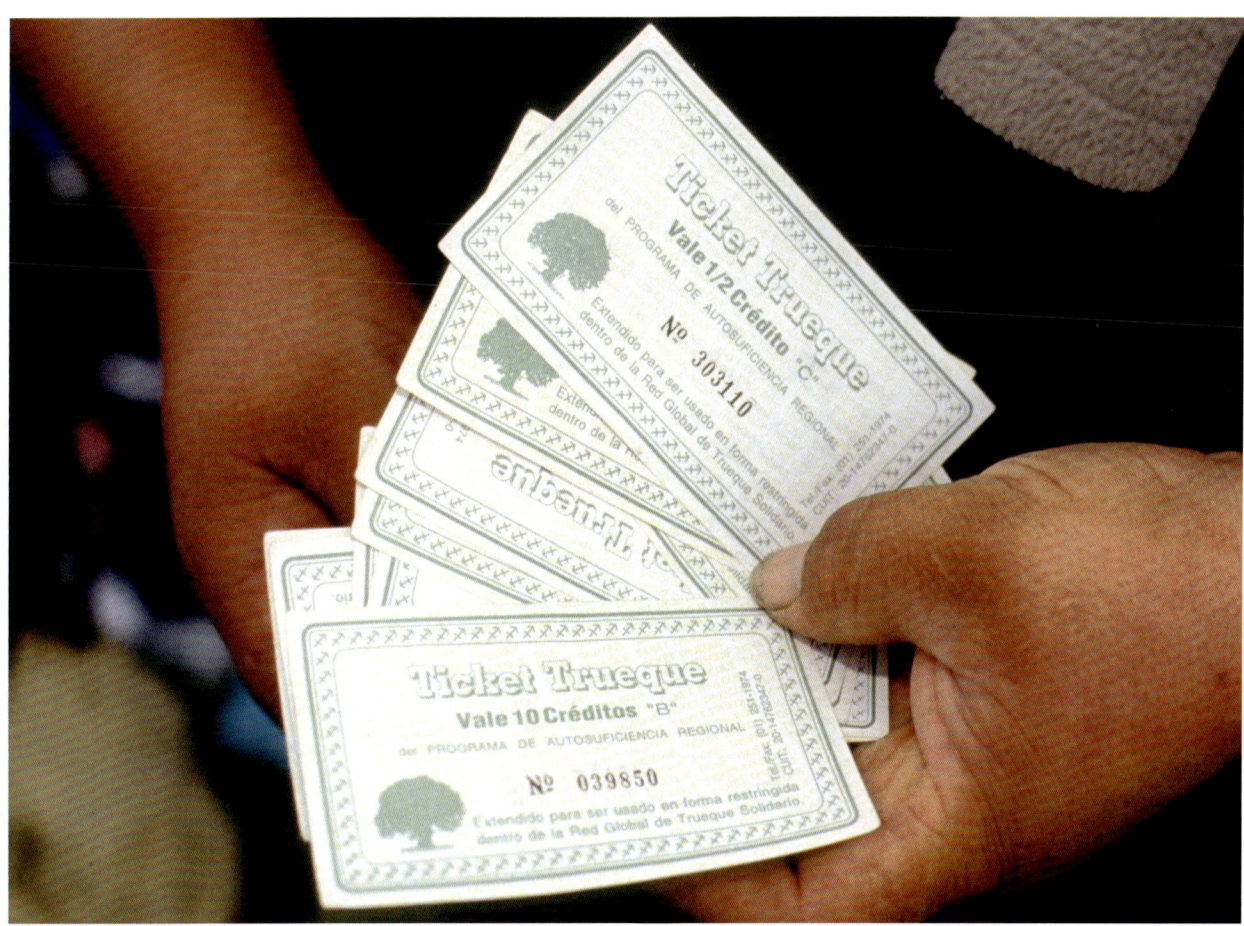

In einer Kantine bekommen Kinder ein kostenloses Mittagessen. Viele Grundschulen locken die Kleinen allein aufgrund der Mahlzeit in die Klassenzimmer.

Ureinwohner auseinanderzusetzen. Dennoch gaben bei der letzten Volkszählung 2001 immerhin 400 000 Argentinier an, indianischer Abstammung zu sein.

Nachfahren der ursprünglichen Ureinwohner sind allerdings kaum noch im Land zu finden, und was als indianisch bezeichnet wird, ist längst mit europäischen Elementen durchsetzt. Ein klassisches Beispiel hierfür ist die folkloristische Tracht der Hochland-Indio-Frauen in Peru, Bolivien und in Nordwestargentinien, die in Wahrheit durch die spanischen Kolonisten aufgezwungen wurde.

Der Begriff *indio* stellt auch bei argentinischen Volkszählungen ein Problem dar, wenn es darum

geht, die Gruppe der noch im Land lebenden Indianer zu beziffern. Einige nennen sich selbst *indios*, weil sie überwiegend indianischer Abstammung sind, andere zählen nur die Menschen zu *indios*, die tatsächlich noch der ursprünglichen, überlieferten Tradition ihrer Ethnie folgen und alte indianische Sprachen sprechen.

Erst Ende des 15. Jahrhunderts drang die Inka-Kultur aus Peru in die Gebiete des heutigen argentinischen Nordwestens. Durch sie entwickelten sich feste Siedlungen, Ackerbau und Viehzucht. Die Spanier nahmen bei ihren Eroberungszügen denselben Weg von Norden nach Süden und so kam es, dass zunächst die Stadt Córdoba neben dem peruanischen Lima

Oben: Menschliche und religiöse Unterstützung brachten schon die Jesuiten nach ganz Lateinamerika.
Folgende Doppelseite: Die menschenleere Schönheit Patagoniens – wie hier am Río Baker, Chile – steht im starken Kontrast zu den sozialen Brennpunkten.

wichtigste spanische Kolonialstadt wurde, während Buenos Aires noch lange Zeit ein ‚illegales' Freihandelszentrum für Portugiesen, Engländer, Franzosen und Holländer war.

Es besteht kein Zweifel daran, dass die ersten von Menschen besiedelten Gebiete sich in den heute als Patagonien, Pampa und Chaco bekannten Territorien befanden.

Die ältesten Wandmalereien, die von menschlicher Kultur zeugen, befinden sich in der Provinz Santa Cruz und sind heute in einem Museum untergebracht. Die Felsmalereien in der ‚Höhle der Hände' (*Cueva de las Manos*) am Río Pinturas sind zwischen 10 000 und 13 000 Jahre alt und gehören zu den ältesten Kunstwerken Südamerikas.

Auch in den Sierras von Córdoba lassen sich Spuren von Ackerbau nachweisen. Das heutige Tastil, ein Dorf im Norden Argentiniens, war in der vorkolumbianischen Zeit die Stadt mit der höchsten Einwohnerzahl.

Bei ihren blutigen Eroberungszügen gegen die Inkas bekamen die Spanier Unterstützung von indianischen Gruppen. Die Inka-Kultur war zu dieser Zeit in sich bereits brüchig, es gab Familienfehden, Sklaven und unterdrückte Völker, die nur zu gern die regierende Oberschicht der Inkas gestürzt hätten.

Südlich des Bío Bío lebten die Araukaner-Indianer im Gebiet des mittleren und südlichen Chile, die gegen die Eroberungszüge der Inkas erfolg-

Die Gesichtszüge der Menschen im Norden Argentiniens zeigen ihre indigene Herkunft.

reich Widerstand leisteten. Dieses kriegerische Nomadenvolk galt als äußerst mutig und Freiheit liebend. Auch die Spanier scheiterten mehrmals bei dem Versuch, die Araukaner zu unterwerfen.

Die indigenen Völker Argentiniens können großräumig drei Gruppen zugeordnet werden: die Andenvölker, die Amazoniden (aus dem tropischen Nordosten des Subkontinents) und die Patagoniden im Süden, zu denen auch die Pampavölker gehören. Diese indigenen Volksgruppen können nach Sprachgruppen zusammengefasst werden.

Die Siedlungsräume der verschiedenen Indianervölker werden meistens so beschrieben, wie die Spanier sie zur Zeit der Eroberung im 16. Jahrhundert vorfanden – dieser Verteilung lagen ihrerseits lange Wanderperioden zu Grunde. Auf den Hochebenen der nordwestargentinischen Anden lebten in der Puna und in den Schluchten von Jujuy die der Inkakultur untergeordneten Kollas, Atacamas und Omahuacas. Sie hatten die Sprache der Inkas, das Quechua, übernommen und gehörten zum Teil auch zur Aymará-Sprachfamilie.

Die Inkas besaßen die nach europäischen Gesichtspunkten am höchsten entwickelte Kultur Südamerikas. Wie diese lebten auch die Kollas, Omahuacas und Atacamas von Ackerbau (Mais, Kartoffeln) und Viehzucht (insbesondere Lamas), beherrschten die Kunst der Keramik- und Textilproduktion, stellten Werkzeuge her sowie Schmuck. Auch die Diaguita-Calchaquíes im zentralen Nordwesten (Salta, Jujuy) waren von den Inkas kulturell beeinflusst, diesen aber nie unterworfen; sie beugten sich erst den Spaniern.

Etwas weiter südlich, im westlichen Zentralargentinien (Córdoba, Mendoza), waren die Huarpe-Indianer beheimatet. Diese sesshaften Bauern züchteten vorwiegend Ziegen. Sie konstruierten an den Hängen der Anden bereits Bewässerungssysteme, die später in der Gegend von Mendoza und La Rioja für den Weinanbau ausgebaut wurden.

In Córdoba und San Luis bildete sich aus den Huarpe die Volksgruppe der Comechingones heraus, die ebenfalls andine Kulturelemente besaß, was Funde ihrer Keramik und Textilien beweisen.

Sie ernährten sich von Ackerbau und Viehzucht und wurden zum Teil von den feindlichen Sanavirones beeinflusst, die aus der Amazonasregion in den südlichen Chaco einwanderten und somit im Grenzgebiet der Comechingones siedelten.

Im subtropischen Norden des Landes siedelten Ethnien aus der Amazonasregion: die Guaraní. Diese waren sesshafte Jäger und Sammler, die einfache tropische Landwirtschaft betrieben und die Kunst des Webens und Töpferns beherrschten.

Aus dem argentinischen Chaco stammen ursprünglich Indianer aus der Guaycurú-Sprachfamilie. Die größten Gruppen unter ihnen waren die Toba sowie die Mocoví. Als Krieger gefürchtet waren wiederum die Mbaya. Eine weitere Ethnie des Chacos stellen die Wichí dar, welche von den Spaniern auch Matacos genannt wurden. Sie entstanden durch den Zusammenfluss von amazoniden Einflüssen aus dem Norden mit Nachkommen der Pampas-Indianer.

Die Chaco-Indianer waren alle ursprünglich Jäger und Sammler, was eine Anpassung an die extremen geografischen und klimatischen Verhältnisse der Region erleichterte. Sie sammel-

Die priesterliche Arbeit in einem Armenviertel ist wichtiger sozialer Bestandteil. Viele Indianer leben heute in ärmlichen Reservaten.

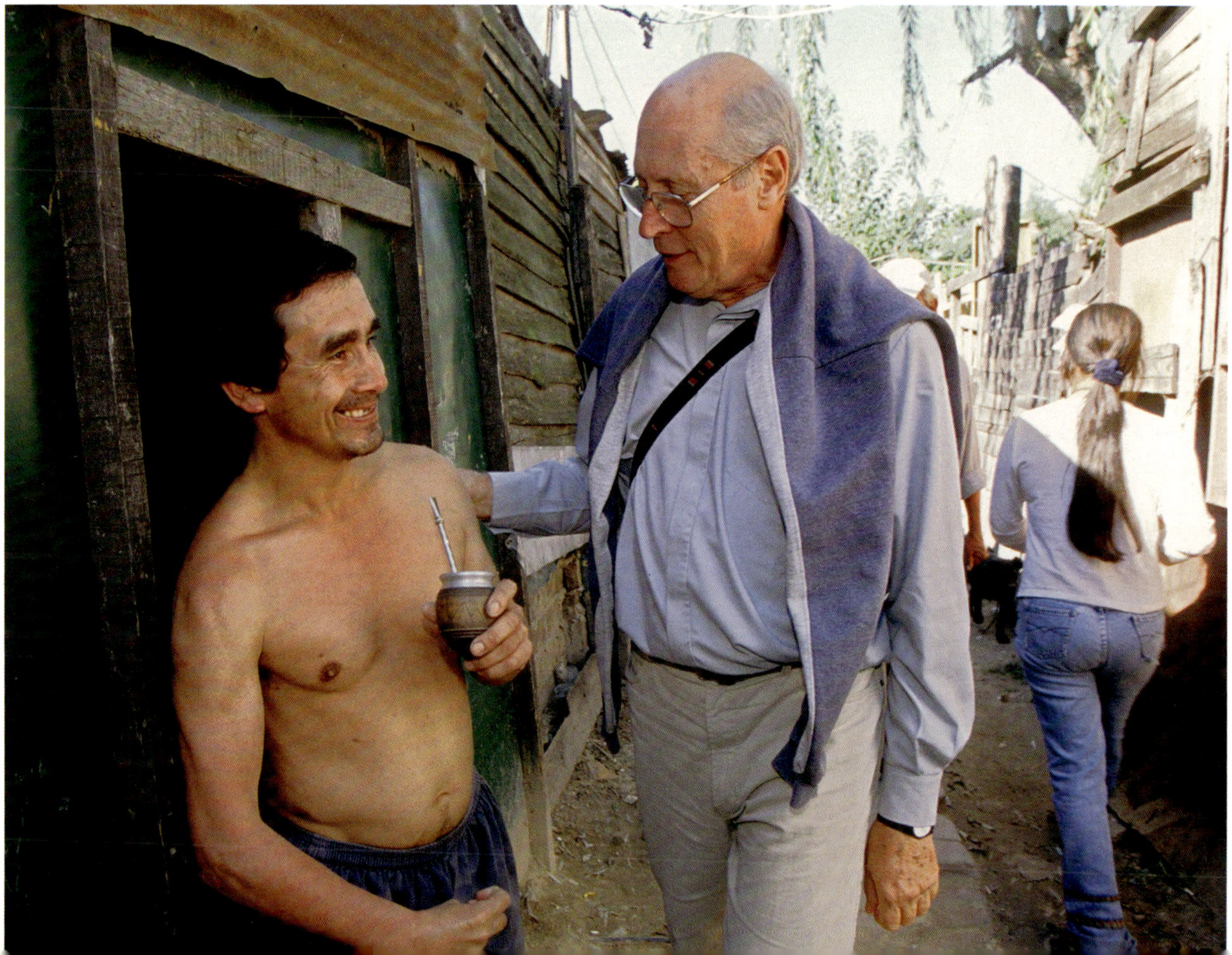

ten vor allem Wildfrüchte und die Samen des Algarrobo-Baumes. Je nach Reifezeit der Früchte und nach der Ernte wanderten sie in regelmäßigen Zyklen weiter. In den neu bezogenen Revieren zogen die Männer aus zum Jagen von Wild, hauptsächlich Hirsche, Tapire, Wildschweine, Vögel sowie die südamerikanische Straußenart Nandu. Im Sommer nahmen sie dafür beschwerliche Fußmärsche bei glühender Hitze auf sich. In der Regenzeit fingen sie in den Flüssen auch Fische mit Harpunen, Angelhaken und Netzen.

Im heutigen Gebiet von Entre Ríos und Corrientes bis zum Río de la Plata, einschließlich Uruguays, siedelten die Charrúa-Indianer, die von den Guaraní abstammten. Angehörige dieses Volksstammes töteten 1515 Juan de Solís und sein Gefolge, als dieser im Namen der spanischen Krone als erster Seemann am Río de la Plata Land betrat.

Weiter südlich, in den Pampas rund um Buenos Aires sowie westlich des Río Paraná, lebte das Jäger- und Sammlervolk der Het. Diese Pampas-Indianer waren kräftig und hoch gewachsen. Als die erste spanische Siedlung, Sancti Spiritu, 1527 auf argentinischem Territorium entstanden war, griff eine Gruppe von Het diese an und schlug die Spanier in die Flucht. So konnte die von

Guanako-Rudel in der Steppe.

Versteigerung von Schafen in der Provinz

Sebastiano Gaboto gegründete Festung in der Nähe von Rosario nur zwei Jahre bestehen und verfiel später zur Ruine. Dennoch waren weitere spanische Besiedlungen der Gebiete westlich des Río de la Plata nicht mehr lange aufzuhalten. Im 19. Jahrhundert entstand an der Stelle der ehemaligen Festung endgültig der Ort Puerto Gaboto.

Bereits vor der Conquista waren die Pampas-Indianer stark von den südlichen Indianern Patagoniens beeinflusst. Zunächst übernahmen sie die Sprache und Kultur der Tehuelche. Als die Mapuche im 18. Jahrhundert aus dem Osten über die Anden in die Pampas zogen, eigneten sich die Pampas-Indianer das Mapudungun, die Sprache der Mapuche, an. Dieses Phänomen wird als Araukanisierung bezeichnet.

Die Araukanisierung, mithin die Ausbreitung der im Süden Chiles beheimateten Mapuche in weite Teile Südamerikas vom 16. bis zum 19. Jahrhundert, umfasste in Chile die Region bis zum Río Bío Bío, in Argentinien reichte sie bis zu den Gebieten südlich von Mendoza und Buenos Aires. Sie implizierte die sprachliche und kulturelle Beeinflussung vieler anderer Indianer-Völker. Dies ist nur zu erklären, wenn man die Besonderheiten der Mapuche-Kultur hervorhebt: Zum einen waren sie Halbnomaden, sammelten also Früchte und Samen, kultivierten jedoch seit dem 14. Jahrhundert zugleich den Boden, indem sie Gemüse (Kartoffeln, Mais, Bohnen) und Obst (Äpfel, Kirschen) anbauten. Außerdem züchteten sie, wie die nördlicheren Andenkulturen, Lamas.

Mapuche-Indianer galten als sehr mutige und geschickte Krieger, denen es jahrhundertelang gelang, das Vorstoßen der Inka-Kultur südlich des Río Maule, im heutigen Chile, zu verhindern. Nie ließen sie sich durch fremde Kulturen unterwerfen. Sie gehören auch zu den Indianern, die am längsten gegen die Spanier Widerstand leisteten und später parallel zu den Kolonisten immer noch eine Art eigenen Staat bildeten.

Vom 16. bis in das 19. Jahrhundert hinein machten sich Teilgruppen der Mapuche auf den Weg über die Anden in das Gebiet des argentinischen Patagoniens und araukanisierten die dort beheimateten Tehuelche. Deren vergleichsweise primitive Lebensweise als Jäger und Sammler profitierte von den kulturellen Einflüssen der Mapuche. Diese hatten von den Spaniern das Pferd als Reittier übernommen und verwandelten die nördlichen Tehuelche-Stämme in Reitervölker, was ihnen bei der Jagd zugute kam.

Zu Pferd waren sie zudem bessere Krieger. Araukaner-Indianer betrieben zu Pferd mit den Spaniern sogar eine Weile Handel, indem sie Schmuggelwaren wie Vieh und Lebensmittel bis nach Chile brachten, verkauften und von dem Geld unter anderem neue Gewehre besorgten.

Als sehr komplex und ausdrucksstark gilt die Sprache der Mapuche; ihre Verbreitung beschleunigte die Araukanisierung der patagonischen Ureinwohner. Im südlichen Patagonien, in der heutigen Provinz Santa Cruz, lebten ursprünglich Tehuelche. Auf Feuerland, dem Archipel am Südzipfel Südamerikas, waren die – wie die Tehuelche – zur Chon-Familie gehörenden Ona (die sich selbst Selk'Nam nannten) sowie die Yamaná zu Hause.

Diese südlichen Fischer- und Nomadenvölker wurden nicht von den Mapuche beeinflusst und lebten noch bis in das 19. Jahrhundert hinein ihr Leben im Einklang mit der Natur der vom kühlen Klima beherrschten Insel Feuerland. Als allerdings Europäer die Steppen der Insel als geeignetes Weideland für Schafe entdeckten, teilten sie bald die Territorien unter sich auf und

bereiteten den Ureinwohnern einen raschen und grausamen Tod.

Auch den Tehuelche erging es schlecht, nachdem im 19. Jahrhundert Patagonien in riesige Parzellen für die Großgrundbesitztümer der Kreolen aufgeteilt wurde. Als Nomaden konnten sich die Tehuelche schwerlich an ein sesshaftes Leben gewöhnen. Sie wurden zu Zwangsarbeit auf den *estancias* gezwungen, bei Ungehorsam willkürlich erschossen und schließlich, unter den Generälen Rosas und Roca, durch militärische Angriffe ausgelöscht.

Einzig die Mapuche in Chile konnten sich lange Zeit gegen die Unterdrückung durch die Spanier behaupten. Als Ackerbauern und Viehzüchter hatten sie bereits ihre eigenen Dorfgemeinschaften mit einem Kaziken als Oberhaupt, in denen sie größtenteils wohnen bleiben konnten, wenngleich in ärmlichen Verhältnissen mit äußerst kleinen Ländereien zum Bebauen ihrer Felder.

Diese Dorfgemeinschaften wurden in Reservate verwandelt, deren Territorien immer wieder verkleinert wurde; zum Teil wurden Reservate auch zwangsumgesiedelt. Alle übrigen indianischen Ureinwohner auf dem heutigen argentinischen Territorium wurden nach Ankunft der Spanier und in den folgenden Jahrhunderten ihres Landes beraubt, versklavt und zu Zwangsarbeit genötigt.

Dennoch kann bei der Conquista nicht ausschließlich von der Vertreibung und Ermordung der *indios* durch Spanier, beziehungsweise Kreolen, die Rede sein: Manche Einwanderergruppen pflegten zu indianischen Stämmen zunächst freundschaftliche Beziehungen, so etwa die Waliser mit den Tehuelche in Patagonien, mit denen sie sich teilweise vermischten. Zum anderen nutzte das spanische und später argentinische Heer von Beginn an bis ins 19. Jahrhundert Bündnisse mit befreundeten Indianergruppen. So schlossen sich etwa den Inkas unterworfene Provinzen freiwillig den Conquistadores an, um die von ihnen verhassten Inkas zu besiegen.

Guaraní-Frauen stehen vor einer traditionellen Lehmhütte in Paraguay. Das Volk der Guaraní siedelte sich im heutigen Paraguay, in Argentinien, Brasilien, Uruguay, Bolivien und Chile an. Ihre Sprache wird heute noch in Paraguay und im nördlichen Argentinien gesprochen.

Diese Freundschaftsbündnisse waren meist nur von kurzer Dauer; die Autonomie und Kultur der indigenen Völker konnten sie nicht bewahren. Wenn sie nicht getötet wurden, starben Indianer oft aus reiner Erschöpfung als Sklaven der *encomenderos*, an Hunger oder an von Euro-

päern eingeschleppten Krankheiten. Viele begangen auch aus Verzweiflung Selbstmord. Die Wüstenkampagnen (*Conquista del Desierto*) von 1877/78 gelten als systematisch geplanter Genozid an den Ureinwohnern Patagoniens.

DIE ARGENTINISCHE GESELLSCHAFT

Bevölkerung und Kultur

Mit seinen 38,9 Mio. Einwohnern ist Argentinien nach Brasilien der bevölkerungsreichste Staat Südamerikas, liegt jedoch mit einem jährlichen Bevölkerungswachstum von 1,4 Prozent an letzter Stelle in Lateinamerika. Beinahe die Hälfte der Einwohner konzentriert sich auf den Großraum Buenos Aires (insgesamt 13 Mio.), der Rest verteilt sich vor allem auf die übrigen größeren Städte: das Zentrum Córdoba (1,4 Mio.), Richtung Atlantikküste La Plata (600 000), das die Hauptstadt der Provinz Buenos Aires ist, sowie das Seebad Mar del Plata (540 000). Im Westen ist die Metropole Mendoza (1 Mio.) zu nennen, im Norden die Großstädte Rosario (1,2 Mio.) und San Miguel de Tucumán (750 000). In dem besonders dünn besiedelten Gebiet Patagonien erreicht Neuquén die höchste Einwohnerzahl (300 000). Lediglich 22 Prozent der Argentinier leben auf dem Land.

Im Vergleich zu allen übrigen Ländern Lateinamerikas ist Argentinien stark europäisch geprägt: 85 Prozent sind direkter europäischer Abstammung, überwiegend italienisch (45 Prozent) und spanisch (30 Prozent). Dagegen fällt die Gruppe der *mestizos*, wie die Menschen gemischt

Links: Auf den öffentlichen Schulen Argentiniens tragen alle Kinder weiße Kittel, als möglichst neutrale Kleidung.
Unten: Jede beliebige Straßenszene in Buenos Aires zeigt die europäischen Wurzeln vieler Argentinier.

europäisch-indianischer Abstammung in Ibero-amerika genannt werden, mit nur 4,5 Prozent sehr gering aus. Nachfahren der indianischen Ureinwohner – etwa von den Mapuche, Kollas, Tobas, Ona oder Tehuelche (siehe Kapitel: Indianische Kulturen) – tragen höchstens noch 0,5 Prozent zur Gesamtbevölkerung bei.

Argentinien ist ein Zuwanderungsland; kein anderer Staat in Lateinamerika hat einen so breiten Zustrom aus anderen Ländern erlebt. Die meisten kamen zwischen 1857 und 1939, befanden sich auf der Flucht vor Kriegen, reisten aus Gründen ethnisch-religiöser Verfolgung an den Río de la Plata oder versprachen sich einen neuen Anfang in der jungen Nation. Auch in den letz-

ten Jahrzehnten haben Einwanderer zum Bevöl-kerungszuwachs beigetragen, darunter vor allem aus Japan, dem Libanon und aus Syrien – der prominenteste Vertreter dieser letzten Einwan-derungsgruppe ist Ex-Präsident Carlos Menem.

Der größte Bevölkerungszustrom fand in den ‚goldenen Jahren' vor dem ersten Weltkrieg statt (6 Millionen Menschen), als Argentinien eines der reichsten Länder der Welt war. Viele Immi-granten fanden zunächst Arbeit am Hafen oder in den großen Fleischfabriken und Schlachthöfen des Landes.

Dennoch: Die argentinische Bevölkerung ist im Wesentlichen italienischer Abstammung. Dies

Rechts: Arbeit an den Hochhäusern der Metropole.
Folgende Seite: Die *colectivos* – Busse – prägen das Stadtbild von Buenos Aires.
Unten: Gemeinschaftsgarten in einer Armensiedlung in Morón, Großraum Buenos Aires.

Vor dem Regierungsgebäude werden Souvenirs für Touristen angeboten.

kommt in den kulturellen Eigenarten, der Mentalität, ja selbst in der Sprechweise der Argentinier zum Ausdruck: Der argentinische Schriftsteller Jorge Luís Borges bezeichnete seine Landsleute sogar als „Spanisch sprechende Italiener". Viele Nachnamen (Maradona, Sabatini, Sanguinetti) offenbaren den gewichtigen italienischen Einfluss.

Viele Argentinier haben seit der Gründung der Republik offenkundig ihren Stolz darüber bekundet, überwiegend europäischer Abstammung zu sein, was ihnen in mehr durch Mestizen geprägten Nachbarländern Kritik eingebracht hat und immer noch einbringt. Sei der sprichwörtliche Nationalstolz nun nur ein Vorurteil oder nicht – die Mehrzahl der Argentinier tritt ausgesprochen liebenswürdig und aufgeschlossen auf. Besucher aus anderen Ländern empfangen sie mit herzlicher Gastfreundschaft, die vor allem deutsche Urlauber in Staunen versetzt.

Neben den Italienern und Spaniern waren wichtige Einwanderungsgruppen, die Land und Kultur aktiv mitprägten, auch Engländer, Franzosen und Deutsche. Die Engländer finanzierten größtenteils die Verkehrsanbindung und Industrialisierung im Land. Die französische Kultur wurde im 19. Jahrhundert quasi zur inoffiziellen Staatsdoktrin. Deutsche Immigranten kamen in mehreren Schüben; bereits 1843 entstand die erste deutsche Schule und Kirchengemeinde in Buenos Aires. Rund eine Million Deutsche oder Deutschstämmige leben heute in Argentinien.

Religion

Dem italienisch-spanischen Erbe entsprechend sind 90 Prozent der Argentinier Katholiken, allerdings nur etwa 15 Prozent davon praktizierend. Die evangelische Kirche ist mit einem Anhängerkreis von 2 Prozent verschwindend ge-

Rohbau einer katholischen Kapelle in einem Armenviertel in Lomas de Zamora, Großraum Buenos Aires.

ring. Bis zur Verfassungsreform 1994 unterlagen Präsident und Vizepräsident sogar der Pflicht, sich zum katholischen Glauben zu bekennen. Seit 1994 besteht Religionsfreiheit.

Neben dem Christentum leben auch muslimische und jüdische Minderheiten im Land (etwa 2 Prozent). Jüdische Einwanderer prägten das Einwanderermilieu von Buenos Aires seit dem 19. Jahrhundert und das Jiddische floss ebenfalls in den so genannten *lunfardo* ein, jene Mischsprache der Immigranten von Buenos Aires, in der auch zahlreiche Tangos gesungen werden. Die rund 200 000 argentinischen Juden im Land bilden die größte jüdische Gemeinschaft Lateinamerikas.

Kultur

Argentinien ist eine Kulturnation. Das wird nicht nur an Künstlern, Kunstwerken und künstleri-

schen Institutionen die Weltruhm erlangt haben deutlich, sondern es ist im Alltag der Argentinier erlebbar. Bildung hat einen hohen Stellenwert, an den Hochschulen des Landes sind rund 1,2 Millionen Studierende eingeschrieben.

Literatur von Weltrang wird an jedem beliebigen Kiosk angeboten. Wer sich die teuren Eintrittskarten für Theater und Oper nicht leisten kann, findet zahlreiche Angebote an Straßentheatern, Folklorefestivals und Kulturzentren, die gegen einen geringen Kostenbeitrag eine Vielzahl an professionell geleiteten Workshops anbieten – vom Töpfern bis zum Flamenco.

Klarer Bezugspunkt der argentinischen Kultur ist traditionell Europa. Das Einwandererland kann heute aber natürlich auf eine eigenständige Kulturgeschichte zurückblicken, die mittlerweile auch international als Inspirationsquelle dient. Das beste Beispiel hierfür ist der argentinische

Tango (dessen Ursprünge im Grunde am Río de la Plata-Delta zu finden sind; siehe Kapitel: Buenos Aires).

Argentinien kann auf eine viel gerühmte literarische Tradition zurückgreifen. Der wohl bekannteste Autor des Landes und Mitbegründer der modernen lateinamerikanischen Lyrik und Essayistik ist Jorge Luís Borges (1899 bis 1986). Berühmt wurde Borges vor allem durch seine phantastischen Erzählungen, ‚Ficciones' (1944) und ‚El Aleph' (1949). Sein Landsmann und Freund Adolfo Bioy Casares (1914 bis 1999) sowie die Schwestern Silvina und Victoria Ocampo prägten die lateinamerikanische Literatur ebenfalls entscheidend. Borges entdeckte auch das Talent des argentinischen Autors Julio Cortázar, der später im französischen Exil sein weltbekanntes Werk ‚Rayuela – Himmel und Hölle' schrieb.

Die Kette der namhaften argentinischen Autoren ist scheinbar endlos: Ernesto Sábato (‚Über Helden und Gräber') wurde nach der Militärdiktatur 1983 Leiter der Nationalkommission zur Aufdeckung der Verbrechen der Militärdiktatur, und Manuel Puigs Roman ‚Der Kuss der Spinnenfrau' thematisierte 1976 bereits sexuelle und politische Unterdrückung in einem totalitären System. Zu den herausragenden zeitgenössischen Schriftstellern zählen Tomás Eloy Martínez (‚Santa Evita'), der Dichter und Nobelpreisträger Juan Gelman sowie Jungautor Marcelo Figueras (‚Kamtschatka').

Es wird viel und gern in Argentinien gelesen: Buenos Aires ist übersät von kleinen und großen Buchhandlungen und die Verlage des Landes sind die weltweit größten Produzenten spanischsprachiger Bücher. Bildung wird geschätzt und

Straßenkiosk in Buenos Aires mit unzähligen Zeitungen, Zeitschriften und Büchern.

gefördert, die Analphabetenrate ist die niedrigste Lateinamerikas. 40 Prozent der Argentinier lesen im Durchschnitt ein Buch pro Monat.

Ein beeindruckendes Monument der argentinischen Bibliophilie ist die Biblioteca Nacional in Buenos Aires, deren prominentester Direktor Jorge Luís Borges war. Mit ihren 300 Beschäftigten gilt sie als eine der bedeutendsten Institutionen ihrer Art in ganz Südamerika. Unter ihrem Dach finden sich ein Buch- und Zeitschriftenverlag, zudem werden Ausstellungen, Konzerte, Kurzfilmreihen und Theaterminiaturen organisiert; das Auditorium ist eines der begehrtesten Foren der Stadt.

Zwar hat die Wirtschaftskrise von 2002 das kulturelle Leben spürbar in Mitleidenschaft gezogen – so mussten beispielsweise diverse Buchhandlungen schließen und das berühmte Teatro Colón konnte sich kaum Gastspiele aus dem Ausland leisten –, doch durch den Aufschwung der letzten fünf Jahre profitierte auch die Kulturbranche und erfuhr eine Wiederbelebung. Balletttänzerinnen wie Paloma Herrera und Tänzer wie Julio Bocca oder Maximiliano Guerra haben inzwischen Weltruf erlangt und das Teatro San Martín empfängt jährlich über 800 000 Besucher.

Eine unvergleichliche Renaissance erlebt seit einigen Jahren der Tango (siehe Kapitel: Buenos Aires). Ursprünglich aus dem multikulturellen Hafenviertel von Buenos Aires stammend, ist er zu einem wichtigen Pfeiler der argentinischen Kultur avanciert. In den übrigen Regionen des

Alt und Jung bei der Lektüre im Park.

Landes werden diverse andere, folkloristische, Musikstile gepflegt, beispielsweise *chacarera*, *milonga* oder *zamba*, die sich nicht minderer Beliebtheit erfreuen. Die argentinische Folkloremusik zeichnet sich durch regional geprägte stilistische Merkmale, eigene Tanzschritte und Kostüme aus. Alljährlicher Höhepunkt des folkloristischen Musizierens ist im Januar das Festival von Cosquín in der Provinz Córdoba.

Die wohl bekanntesten Stimmen der argentinischen Folklore sind der 1992 verstorbene Atahualpa Yupanqui, der auch als Komponist ein wichtiges Werk hinterlassen hat, sowie die heute noch aktive Mercedes Sosa aus Tucumán. Der Sängerin Liliana Herrero gelang es, Folklore mit modernen Musikelementen zu fusionieren und somit eine direkte Verbindung zu einem weiteren Kleinod der argentinischen Musik herzustellen: dem nationalen Rock. Seine Blütezeit erlebte dieser in den 80er-Jahren.

Charly García und Fito Paéz gehören zu den Urgesteinen des *rock nacional*. Auch in der klassischen Musik spielen argentinische Solisten in der ersten Liga: die Pianisten Daniel Barenboim und Martha Argerich begeistern ein internationales Publikum.

Besonders angesehen ist die argentinische Filmbranche. Die Zahl der Kinosäle in Argentinien stieg von 589 im Jahr 1997 auf rund 1000 im Jahr 2007. Das Phänomen des neuen argentinischen Films brachte zahlreiche internationale Preise ein, so beispielsweise ‚El Custodio' (Der Leibwächter) von Rodrigo Moreno auf der Berlinale 2006. ‚Bombón – el perro' (Bonbon – Der Hund), von Carlos Sorin, wurde in San Sebastián 2004 prämiert sowie beim Festival des 3 Continents in Nantes. Lucrecia Martels ‚La Ciénaga' (Der Morast) gewann bereits den Alfred-Bauer-Preis für das beste Erstlingswerk auf der Berlinale 2001. Juan José Campanellas rührende Fa-

Rechts: Hinter dem begleitenden Gitarristen hängt das Bild des großen Vorbildes Carlos Gardel.
Unten und folgende Doppelseite: In einer Tango-Show präsentieren sich die Tanzpaare in eleganten Kleidern und Schummerlicht.

milienkomödie ‚El hijo de la novia‘ (Der Sohn der Braut) war 2001 sogar für den Oscar nominiert.

Es sind inzwischen nicht nur die Namen der großen vier etablierten Cineasten Fernando Solanas – 2004 mit dem goldenen Ehrenbären ausgezeichnet –, Eliseo Subiela, Marcelo Piñeyro und Adolfo Aristarain, die in der internationalen Filmszene gefeiert werden. ‚Familia Rodante‘ (Familie auf Rädern), ein Roadmovie von Pablo Trapero, sorgte ebenso für Aufmerksamkeit wie Daniel Burmans wunderbarer Film ‚El Abrazo Partido‘ (Die verlorene Umarmung), dem jüdischen Viertel von Buenos Aires gewidmet.

Buenos Aires gilt als internationale Stadt der Kinofans, sowohl auf der Seite der Produzierenden, als auch auf der Seite der Zuschauer. Private Filmschulen wie die von Manuel Antín geführte Universidad del Cine im Stadtteil San Telmo bringen zahlreiche junge Filmkünstler hervor. 6,5 Millionen Zuschauer sehen sich jährlich lokale Filme an, das sind 20 Prozent der gesamten Zuschauerquote, ein Prozentsatz, der nur in wenigen Ländern übertroffen wird: Frankreich (30 Prozent), Dänemark (28 Prozent) und Italien (24 Prozent).

Essen und Trinken

Argentinier sind Gourmets, Essen und Trinken spielen eine wichtige Rolle im Alltag und sind stets Anlass für ein geselliges Beisammensein. Absoluten Kultstatus und nationalen Symbolcharakter besitzt der Mate-Tee, der auch in Paraguay und Uruguay sowie im südlichen Brasilien populär ist. Die teeinhaltigen, getrockneten und gemahlenen Blätter des Mate-Baumes, Yerba genannt, werden mit heißem Wasser aufgegossen und aus einer Kalabasse, den so genannten *mate*, mithilfe eines Saugstabs, *bombilla*, getrunken. Der *mate* wird in geselligen Runden immer reihum gereicht; bestimmte Verhaltensregeln in der Trinkabfolge unterstreichen seinen zeremoniellen Charakter. Bereits zum Frühstück wird gewöhnlich *mate* getrunken

und häufig noch einmal zur *merienda*, als Nachmittagstee. Dazu werden je nach Region süße oder herzhafte Teilchen, oft auch Kekse, gereicht.

Das Lieblingsessen der meisten Argentinier ist Fleisch, und zwar gegrillt auf einer offenen *parrilla* (Holzgrill). Überwiegend wird Rindfleisch gegessen, im Süden auch gerne Lamm. Auf einen *asado* (Grillfleisch) trifft man sich gerne, sei es tagsüber im Garten oder abends auf der Terrasse, wo ein Rost über einem offenen Feuer zum Grillen nicht fehlen darf. Zu einer kompletten *parrillada* (Grillplatte) gehören neben den speziell geschnittenen Fleischstücken auch *chorizo* (Bratwurst) und *morcilla* (Blutwurst). Salat oder Pommes Frites begleiten die Fleischberge gelegentlich, oft reichen aber einfach Brot, Bier, Wein und *chimichurri*, eine scharf gewürzte Sauce.

Beliebte Snacks für zwischendurch sind die schmackhaften *empanadas*, Blätterteigtaschen mit verschiedenen würzigen Füllungen, sowie *milanesas* (Schnitzel). Was die gehobene Gastronomie betrifft, besinnen sich Argentinier am liebsten auf ihr italienisches Erbe: Pasta, Gnocchi und Pizza dürfen nicht fehlen. Dazu werden hervorragende Weine aus der Cuyo-Region serviert.

Süße Leckereien wie *churros*, frittiertes Schmalzgebäck, oder *alfajores*, die berühmten runden Biskuits mit verschiedenen Füllungen, sind an jedem Kiosk erhältlich. Unglaublich süß und cremig schmeckt *dulce de leche*, eine Karamellcreme, die auf fantasievollste Weise zum Einsatz kommt: auf Brot, mit Eis, auf Keksen oder als Kuchenfüllung.

Deftigere Gerichte vom Land werden vor allem im Nordwesten traditionell mit Mais gekocht. Etwa *locro*, ein Maiseintopf mit Fleisch, oder *humitas* sowie *pastel de choclo*, eine Art Auflauf mit Mais. Seit das Ehepaar Kirchner das Land regiert, ist sogar die patagonische Küche in Mode gekommen, mit Fischgerichten und Königskrabben (*centollas*).

Oben: *Parillada* im Schaufenster eines Restaurants im Stadtteil Retiro.
Vorhergehende Seite: Ein frisch aufgegossener *mate* schmeckt zu jeder Tageszeit.

Sport

Selbstverständlich praktizieren Argentinier alle möglichen Sportarten, doch eine davon erregt jegliche Gemüter und ist die wichtigste überhaupt: el *fútbol* – Fußball natürlich. Allein in der Hauptstadt Buenos Aires findet man rund zwanzig Stadien. Bei der traditionellen Partie zwischen *Boca Juniors* und *River Plate*, in der traditionell die Mannschaft der Arbeiterklasse von Buenos Aires gegen die der Oberklasse spielt, sind die Straßen wie leer gefegt und aus den Häusern und Bars mit Live-Übertragung ertönen herzzerreißende Klagelaute oder Freudenschreie. Nicht selten zieht dieses Spiel, *súperclásico* genannt, Straßenschlachten mit vielen Verletzten nach sich.

Tickets für ein Spiel in der Bombonera (Pralinenschachtel), wie das 40 000 Menschen fassende Heimstadion der Boca Juniors im Stadtteil *La Boca* heißt, sind heiß begehrt und schnell ausverkauft. Argentinische Fußballfans sind unverwüstlich: Sie erfinden mehrstrophige Fanlieder, die während des gesamten Spieles gesungen werden und halten ihrer Mannschaft selbst dann noch die Treue, wenn diese hoffnungslos im Rückstand liegt.

Die größten Erfolge der Nationalmannschaft waren der Gewinn der Weltmeisterschaft 1986 und der Titel des Vizeweltmeisters 1990. Der Fußballspieler Maradona wird trotz Drogenexzesse und persönlichen Zusammenbrüchen nach wie vor als Idol gefeiert. Eine weitere beliebte Sportart ist Polo, allerdings bleibt sie gutbetuchten Enthu-

Oben: Interview mit einem Spieler von Arsenal vor einer Begegnung mit River Plate.
Folgende Seite, links: Volles Stadion von River Plate.

siasten vorbehalten. Viele erfolgreiche Polospieler sind argentinischer Herkunft. Es heißt, für Polo benötige man Geld, Land, Mut und gute Pferde – alles das gibt es in Argentinien. Jeden Dezember wird die internationale Argentinische Meisterschaft ausgetragen, die Palermo Open. Sie ist die inoffizielle Weltmeisterschaft.

Neben Polo und Fußball schafften es auch im Tennis argentinische Spieler schon zur Weltspitze (Gabriela Sabatini, Guillermo Vilas).

Das Land bietet durch die Vielfalt an Landschaften und Klimazonen Möglichkeiten für diverse weitere Sportarten: Kanu- und Kajakfahren, Klettern und Bergsteigen, Trekking oder Mountainbiking, Segeln, Rafting, Skilaufen oder gar Angeln, um nur einige zu nennen.

Argentinisches Spanisch

Argentinisches Spanisch unterscheidet sich deutlich von dem in Spanien und anderen lateinamerikanischen Ländern gesprochenen *castellano*. Charakteristisch ist zunächst der so genannte *yeísmo*: Die Buchstaben ‚Ll' und ‚Y' werden wie das deutsche ‚sch' (oder wie das französische ‚j') ausgesprochen, wenn sie vor einem beziehungsweise zwischen zwei Vokalen stehen.

Einzigartig ist auch der *voseo*, d. h. anstatt des Personalpronomens *tú* wird für die zweite Person Singular *vos* verwendet. Dabei werden auch die folgenden Verben anders konjugiert. Wie in anderen lateinamerikanischen Ländern üblich, wird die zweite Person Plural vosotros durch *ustedes* ersetzt, die im iberischen Spanisch nur als

Das Pärchen auf der Bank füttert die Tauben in einem Park beim Kongressgebäude in Buenos Aires.

Höflichkeitsform verwendet wird. Hinzu kommt eine Vielzahl spezifisch argentinischer Worte – etwa *bronca* für Wut (statt *rabia*), *cartera* für die Handtasche (statt *bolsa de mano*), *colectivo* für den Bus (statt *autobús*), und nicht zuletzt ist auch die umgangssprachliche Anrede *che* typisch argentinisch.

Die Aussprache in den Regionen Zentralargentinien und Nordwesten weicht vom Dialekt der Hafenstadt ab. Im Nordwesten wird das gerollte ‚r' durch einen Laut ersetzt, der wie ein ‚rsch' klingt – so wird zum Beispiel der Provinzname La Rioja wie ‚la Rschiocha' ausgesprochen. In Zentralargentinien, in der Gegend von Córdoba, herrscht eine besonders fröhliche

Sprachmelodie vor, bei der meistens der erste Vokal eines Wortes besonders lang gedehnt wird. Im nordöstlichen Misiones ist die Aussprache unter anderem vom Guaraní beeinflusst, das auch in Paraguay noch gesprochen wird; hier wird das ‚y' wie ein ‚dsch' gesprochen und der Tonfall ist gänzlich anders.

Auffallend ist die sehr italienisch klingende Aussprache des Spanischen, insbesondere in der Region Buenos Aires. Diese ist direkt auf den Einfluss der italienischen Einwanderer zurückzuführen. Um 1900, zur Zeit der größten italienischen Einwanderungswelle, sprachen sogar 40 Prozent der Bonarenser *cocoliche*, eine Mischform der italienischen und spanischen Sprache.

WIRTSCHAFT

Das Land Argentinien ist einer der wichtigsten Agrarexporteure der Welt. Über die Hälfte der landwirtschaftlichen Nutzfläche besteht aus Weideland, das überwiegend der Schaf- und Rinderzucht dient. Angebaut werden vor allem Getreide, Mais, Tabak, Sonnenblumen, Sojabohnen, Obst und Gemüse. Leider haben auch genetisch veränderter Soja und Mais zu einer Steigerung der Ausfuhrwerte für Agrarprodukte beigetragen. Die regenreiche Pampa gilt als Kornkammer des Landes und bietet Weiden für riesige Rinderherden (etwa 50 Millionen Rinder) und ebenfalls recht umfangreiche Schafsherden. Die Schafszucht ist vor allem in Patagonien bis einschließlich Feuerland verbreitet.

In den feuchten Gebieten des argentinischen Nordostens wachsen Reis, Zuckerrohr und Bananen. Die Flüsse, die von den Anden bis in den Atlantik fließen, tragen dazu bei, dass in Mendoza und um den Río Negro Obst und Wein gedeihen können. Aus den Wäldern im feuchten Norden und im südlichen Patagonien wird Holz für die Papierherstellung gewonnen.

Links: In der Innenstadt von Buenos Aires befindet sich das Bankenviertel mit internationalen Konzernen.
Unten: Erschreckender Kontrast: obdachlose Mutter mit Kind vor einer geschlossenen Bankfiliale.

Den Export von Lebensmitteln und Tierfutter betreffend, ist Argentinien Weltmarktführer; an erster Stelle stehen unter den Ausfuhrwaren Fleisch- und Milchprodukte, Wein, Obst und Honig sowie gentechnisch verändertes Soja. Aufgrund weltweit hoher Agrarpreise und steigender Nachfrage fährt die argentinische Nahrungsmittelindustrie wachsende Gewinne ein. Gemeinsam tragen der Agrarsektor sowie die Ernährungsindustrie rund 20 Prozent der gesamten argentinischen Wirtschaftsleistung.

Ein weiterer traditionell starker industrieller Sektor Argentiniens ist die Textil- und Bekleidungsindustrie – gekoppelt an die hohe Woll- und Lederproduktion im Land – sowie die Fahrzeugindustrie. Der industrielle Sektor wächst seit 2003 ebenfalls kontinuierlich und die Regierung möchte weiterhin in diesen Branchen investieren. Vor allem die Automobilindustrie, der Chemiesektor sowie die Gewinnung nicht-metallischer Minerale sollen gefördert werden, um die Wirtschaft, unabhängig vom weltweiten Fleisch- und Agrarexport, zu stabilisieren.

Argentinien ist äußerst reich an Bodenschätzen, doch erst seit 2003 wird wieder verstärkt der Bergbau gefördert. Wesentliche Mineralvorkommen sind Kupfer, Gold und Lithium. Des Weiteren werden Natursteine wie Granit und Marmor abgebaut, darüber hinaus nichtmetallische Mineralien wie Borate. Weitere Bodenschätze auf argentinischem Gebiet sind Uranerze sowie Erdöl und Erdgasvorkommen im Nordwesten und im südlichen Patagonien.

Ein neues Fahrzeug kann sich in Argentinien nur ein kleiner Teil der Bevölkerung leisten. Was nicht auseinanderbricht, wird gewissenhaft repariert.

Neben den überwiegend landwirtschaftlichen Produkten (Fleisch, Getreide, Wolle, Öle und Fette), exportiert Argentinien Maschinen, Brennstoffe und chemische Produkte. Importiert werden Verbrauchs- und Investitionsgüter sowie Kraftfahrzeuge und Maschinen. Vor allem die Automobilindustrie profitiert vom *Mercosur*, dem gemeinsamen Marktzusammenschluss der südamerikanischen Länder Argentinien, Chile, Brasilien, Paraguay und Uruguay. Der Dienstleistungssektor steuert einen wesentlichen Anteil von rund 50 Prozent zum Bruttoinlandsprodukt Argentiniens bei.

Seit dem Beginn der Regierungszeit unter Néstor Kirchner wächst das Bruttoinlandsprodukt kontinuierlich, die argentinische Wirtschaft verzeichnet eine der höchsten Wachstumsraten Lateinamerikas (8,5 Prozent im Jahr 2007). Dies ist vor allem darauf zurückzuführen, dass es Kirchners Regierung gelang, die schwere Wirtschaftskrise der Jahre 2001/2002 zu überwinden und das Land auf einen neuen Kurs zu bringen.

Zu dieser schweren Wirtschaftskrise kam es unter der neoliberalen Regierung des Präsidenten Carlos Menem (1989 bis 1999), die schließlich zum kompletten Finanzbankrott des Staates 2001/2002 führte. Bereits bei Antritt seines Präsidentenamtes hatte der Peronist Menem mit wirtschaftlichen Missständen wie Hyperinflation, Rezession und horrenden Auslandsschulden zu kämpfen. Er versuchte, die Staatskassen durch Privatisierungen sämtlicher staatlicher Betriebe zu füllen – was einmalige hohe

Während der Finanzkrise 2001/2002 gingen viele Menschen auf die Straße, um ihrem Unmut laut Ausdruck zu verleihen – bei den sogenannten *cacerolazos* schlugen die Demonstranten symbolisch auf leere Kochtöpfe.

Vor dem Regierungsgebäude auf der Plaza de Mayo stehen bei Veranstaltungen die Polizisten.

Einnahmen brachte, auf Dauer jedoch zum Verlust der regelmäßigen Gewinne staatlicher Betriebe führte – und erhielt hohe Kredite vom IWF, die aufgrund der steigenden Zinsen zu einer Abwärtsspirale ständig steigender Verschuldung führten.

Menems Wirtschaftsminister Domingo Cavallo koppelte den argentinischen Peso an den amerikanischen Dollar, was zunächst der Inflation entgegenwirkte. Dennoch schnellte durch diese Peso-Dollar-Parität – einhergehend mit drastisch gesenkten Einfuhrzöllen – die Importrate in die Höhe, während die Exportwirtschaft Verluste machte. Vor allem kleine und mittelständische Unternehmen gingen bankrott, da sie der Konkurrenz aus dem Ausland nicht gewachsen waren. Zudem stiegen die Preise für Konsumgüter unverhältnismäßig, während das Lohn-

niveau stagnierte. Rezession, Arbeitslosigkeit, stark eingeschränkter Konsum und weniger Gewinne für Unternehmen waren die Folge, sodass der Staat erheblich weniger Steuern einnehmen konnte.

In Kombination mit dem Druck der hohen Auslandsschulden und steigenden Zinsen, kam es 2001 zur Zahlungsunfähigkeit des argentinischen Staates: Alle öffentlichen Geldmittel wurden gestoppt und die Banken geschlossen.

Notmaßnahmen mussten sofort ergriffen werden. Unter der Interimsregierung von Fernando de la Rúa kam es zum so genannten *corralito* (Geldpferch): Die Regierung fror die Spareinlagen der Bevölkerung ein, um Kapitalflucht zu verhindern. Bald waren die Geldautomaten leer. Anfang 2002 kam es zum Staatsbankrott. De la Rúas Nachfolger, Präsident Eduardo Duhalde, hob die 1:1-Bindung des Peso an den US-Dollar auf, was dazu führte, dass der Peso von einem Tag auf den anderen nur noch ein Drittel des Dollars wert war, sodass sämtliche Bankeinlagen an die Sparer nur noch in Höhe des um ein Drittel gesunkenen Peso-Wertes ausgezahlt wurden. Diese Maßnahme nannten die Argentinier *corralón*, denn sie traf sie noch schlimmer als die vorübergehende Knappheit an Bargeld. Viele fühlten sich auf ewig um ihre Ersparnisse betrogen. Dennoch erholte sich dank radikaler Eingriffe die argentinische Volkswirtschaft unter dem neu gewählten Präsidenten Néstor Kirchner ab dem Jahr 2003 von der Krise – die Wachstumsrate beträgt wieder 7 bis 10 Prozent.

Was den Reichtum an natürlichen Ressourcen betrifft, könnte Argentinien eines der wohlhabendsten Länder der Welt sein, doch selbst im Januar 2008 lebten noch 27 Prozent der Bevölkerung unter der Armutsgrenze und die Arbeitslosenquote lag 2007 bei 8,9 Prozent. Die Schere zwischen Arm und Reich klafft weit auseinander, es fehlt eine starke Mittelschicht. Vor allem im Norden des Landes leben viele Menschen unter dem Existenzminimum; das südliche Patagonien gilt zusammen mit den Provinzen Buenos Aires, Córdoba und Mendoza als vermögender.

Politische Gliederung

Die Argentinische Republik basiert auf einer föderalistischen Präsidialdemokratie mit neuer Verfassung von 1994. Der Präsident bekleidet zugleich die Ämter des Staatsoberhauptes, Regierungschefs und Oberbefehlshabers der Streitkräfte (Heer, Marine, Luftwaffe).

Insbesondere nach dem *corralito* wuchs die Anzahl der *cartoneros*: mittellose Menschen, meist aus der Provinz Buenos Aires, die sich duch Karton- und Papier sammeln ihren Lebensunterhalt verdienen.

Er wird jeweils für vier Jahre gewählt, vertritt die exekutive Staatsgewalt und verfügt auch, eingeschränkt, über legislative Kompetenzen. So kann unter Umständen der argentinische Präsident per Dekret Gesetze verabschieden. Auch auf die judikative Staatsgewalt hat er Einfluss, indem er gemeinsam mit dem Senat die Richter des Obersten Gerichthofes bestimmt. Seit 2007 steht Cristina Fernández de Kirchner an der argentinischen Regierungsspitze.

Das argentinische Parlament besteht aus zwei Kammern: Senat und Abgeordnetenhaus. Die zwei großen Parteien des Landes sind: El Partido Justicialista/PJ (die Peronisten) und die Unión Cívica Radical/UCR (Radikale Bürgerunion). Beide Parteien haben bereits Präsidenten gestellt, zur Zeit führen die Peronisten die Regierung.

Der Nationalkongress besteht aus einer Senatorenkammer (das Oberhaus), in der 72 Senatoren sitzen, jeweils drei pro Provinz. Den Senatoren untergeordnet ist die Abgeordnetenkammer (das Unterhaus) mit insgesamt 257 direkt gewählten Mitgliedern. Die insgesamt 23 argentinischen Provinzen, einschließlich Feuerland und dem autonomen Bundesdistrikt von Buenos Aires, verfügen über eine eigene Verfassung und wählen eigenständig ihren Gouverneur sowie einen Vizegouverneur für vier Jahre; sie haben ein eigenes Parlament mit Abgeordneten sowie eine von der Landesregierung unabhängige Gerichtsbarkeit (Richter).

Argentinien ist Mitglied der UNO, der OAS (Organisation Amerikanischer Staaten) und des Mercosur.

Die seit November 2007 amtierende Präsidentin Cristina Fernández de Kirchner gerät zunehmend in Kritik. Sie selbst rügt die Presse, vor allem die wichtigsten Tageszeitungen des Landes, Clarín und La Nación, für zu schlechte Berichterstattung über ihre Politik. Insider spotten, der Kirchnerismo dulde nicht den geringsten Widerspruch – was auch eine Anspielung auf Néstor Kirchner ist, den Ehemann und amtlichen Vorgänger der First Lady. Besonders unbe-

liebt machte sich Kirchner seit März 2008 durch ihre Reaktion auf Streiks der Landwirte gegen eine Erhöhung der Ausfuhrzölle für Soja- und Weizenprodukte. Sie nannte die Streikenden ‚piqueros de abundancia' (Protestler im Reich-

Blick auf die Casa Rosada, dem Regierungssitz in der Hauptstadt.

tum) und setzte in einer öffentlichen Ansprache im Fernsehen alle Bauern mit den wenigen reichen *estancieros* gleich. Auch was die wirtschaftliche Sanierung des Landes betrifft, wird die Präsidentin mit Skepsis betrachtet: Offiziell konnte die Inflationsrate zwar auf 9 Prozent gesenkt werden, Experten behaupten aber, die reale Rate liege noch bei 16 Prozent.

BUENOS AIRES
HAUPTSTADT UND PROVINZ

Das ‚Land der sechs Kontinente', wie Argentinien aufgrund seiner enormen Nord-Südausstreckung und der zahlreichen Klimazonen auch genannt wird, lässt sich geografisch in Großregionen aufteilen, die durch historische Ereignisse und kulturelle Eigenarten verbunden sind und darüber hinaus gemeinsame wirtschaftliche und politische Interessen verfolgen.

Die Provinz Buenos Aires – gemeinsam mit der Hauptstadt, dem Bundesdistrikt Buenos Aires – ist eine Region, die ökonomisch und kulturell sehr dominant ist, sodass die übrigen Regionen sich vor allem gegenüber Buenos Aires abgrenzen und behaupten wollen.

Seit Ende der 90er-Jahre verfolgen die *regiones* entwicklungspolitisch und infrastrukturell gemeinsame Ziele. Sie sind allerdings bisher keine offiziellen Gliedstaaten des Bundesstaates, haben keine politischen Organe im Parlament und sind nicht verfassungsrechtlich verankert. Es handelt sich um reine Interessengemeinschaften. Nur die 23 *provincias* haben jeweils eine eigene Provinzverfassung, eine Provinzregierung unter Leitung eines direkt gewählten Gouverneurs und ein Parlament.

Links: Die neogotische Kathedrale von Luján in der Provinz von Buenos Aires ist ein beliebtes Pilgerziel.
Unten: Der nationale Kongress in Buenos Aires in strahlendem Sonnenschein.

Geografie

Die Provinz Buenos Aires ist landschaftlich ein Teil der Pampa mit maritimem Klima. Die Sommer sind heiß und feucht, die Winter mild. Das ganze Jahr über herrscht hohe Luftfeuchtigkeit mit häufigen Niederschlägen. Auch die gleichnamige Hauptstadt Buenos Aires liegt in dieser subtropischen Klimazone.

Da Buenos Aires auf der Südhalbkugel liegt, herrschen dort genau entgegengesetzte Jahreszeiten zur Nordhalbkugel, und damit zu Europa: Im Januar, dem wärmsten Monat, betragen die Temperaturen oft mehr als 30 Grad, im Juli herrschen durchschnittlich 10 Grad.

Buenos Aires ist die größte und am dichtesten besiedelte Provinz des Landes (die meisten Einwohner leben im Großraum der Hauptstadt Buenos Aires sowie in der Hauptstadt der Provinz, La Plata). Hier befindet sich auch das Kernland der Viehzucht und des Weizenanbaus. Im Osten säumen Argentiniens einzige Badestrände die Atlantikküste. Beliebt sind vor allem die Seebäder Mar del Plata und Bahía Blanca.

Argentiniens Hauptstadt Buenos Aires ist ein autonomer Stadtstaat und bildet einen selbstständigen Bundesdistrikt. Sie liegt inmitten der gleichnamigen Provinz und breitet sich wie ein riesiges Schachbrett südlich des Río de la Plata aus. Westlich der Stadt erstreckt sich die fruchtbare Pampa Richtung Süden. Die eigentliche

Rechts: Restaurierte Hafenkräne in Puerto Madero.
Folgende Seite: Das historische Cabildo (Rathaus) gegenüber der Plaza de Mayo.
Unten: Mitten in der Innenstadt auf der Avenida 9 de Julio ragt der Obelisk in den Himmel.

Die Fragata Sarmiento in Puerto Madero steht Besuchern zur Besichtigung offen.

Capital Federal hat ‚nur' 2,8 Millionen Einwohner, im Großraum der Hauptstadt leben aber über 12 Millionen Menschen.

Wegen ihrer günstigen Lage an der Mündung des Río de la Plata in den Atlantik war Buenos Aires von Anfang an eine Hafenstadt, weshalb ihre Bewohner auch den Beinamen *porteños* (Hafenbewohner) erhalten haben. Noch heute ist der Hafen von Buenos Aires ein wichtiger Umschlagplatz in Lateinamerika.

Die Capital Federal kann sich rühmen, ganz autonom und an keine Provinz gebunden zu sein. Ihre politische Unabhängigkeit sowie die einzigartige Stellung, die ihr als Hauptstadt des Landes zukommt, bewirken einen unabhängigen und weltoffenen Geist in der Metropole. Der Ballungsraum Buenos Aires bildet das wirtschaftliche, politische und kulturelle Zentrum des Landes. Mehr als ein Viertel der argentinischen Bevölkerung lebt in seinem Einzugsgebiet.

Geschichte

Gegründet wurde die Stadt Buenos Aires am 2. Februar 1536 von Pedro de Mendoza auf dem Gebiet des heutigen Stadtteils San Telmo. Er taufte die Niederlassung auf den Namen der Schutzheiligen der Seefahrer, Nuestra Señora Santa María del Buen Ayre. Mendoza starb kurz darauf, von Indianern in die Flucht gejagt, auf der Heimfahrt nach Europa an Syphilis.

Die eigentliche Besiedlung der Stadt begann erst 1580 durch Juan de Garay, mit der Errichtung eines *Cabildo* (Rathaus) an der heutigen Plaza de Mayo. Diese trägt ihren Namen seit der Loslösung von der spanischen Krone, im Mai 1810.

Bis in das 17. Jahrhundert hinein lief jeglicher Handelsschiffverkehr über den Hafen von Lima in Peru, sodass sich Buenos Aires zunächst zu einem Schmugglerparadies entwickelte. Im 18. Jahrhundert fuhren Portugiesen Tausende

Das imposante Gebäude der Escuela Presidente Roca auf der Plaza Libertad.

Afrikaner illegal ein und fortan wurde die Hafenstadt zu einem wichtigen Umschlagplatz für afrikanische Sklaven. Der Verkauf an Nachbarländer erwies sich bis zum Sklavenhandelsverbot im Jahre 1812 als sehr lukrativ.

Ende des 18. Jahrhunderts ließ König Carlos III. den Distrikt Buenos Aires zur Freihandelszone erklären, was die *porteños* vermutlich auch wörtlich nahmen. Nirgends in Südamerika gedieh soviel Freiheit liebendes, französisch-aufklärerisches Gedankengut wie in der ‚Stadt der guten Lüfte'. 1776 wurde das Vizekönigreich Río de la Plata gegründet, mit Buenos Aires als Regierungssitz und 1880 wurde die Metropole zur Hauptstadt von Argentinien erklärt.

Die Porteños gelten als Pioniere der lateinamerikanischen Unabhängigkeit, früh schon wollten sie sich von allem Spanischen aus der Kolonialepoche trennen und orientierten sich lieber Richtung England und Frankreich. Das Ambiente dieser freigeistigen Stadt war von Beginn an kosmopolitisch. Bereits ab 1824 bestand die oberste Priorität der Regierung unter Präsident Rivadavia in der Anwerbung von Einwanderern aus Europa, um das Wirtschaftswachstum im Land zu fördern. Viele blieben in Buenos Aires und prägten so das Stadtbild und den Lebensstil.

Der Hafen am Río de la Plata zum Atlantik hin wurde zur Anlaufstelle für die vielen Immigranten aus Frankreich, England, Deutschland, Russland und anderen Ländern, vor allem jedoch aus Italien und Spanien.

Kultur

Buenos Aires, die *Ciudad Autónoma*, ist das kulturelle Gravitationszentrum des Landes – manche behaupten sogar von ganz Südamerika. Architektonisch und atmosphärisch mutet die Stadt sehr europäisch an: Einige Gebäude stammen noch aus der spanischen Kolonialzeit, im Wesentlichen prägen Prachtbauten aus der Belle Epoque das Stadtbild.

Der eigentliche Bauboom begann in der Zeit nach 1870, als Buenos Aires durch den Fleisch-, Leder- und Getreideexport zu Reichtum gelangt war. Ziegel, Backsteine und Marmor wurden mit europäischen Schiffen herantransportiert, um nach italienischem und französischem Vorbild repräsentative Bauten zu erschaffen. Selbst die U-Bahn – die erste Linie von gesamt Lateinamerika – stammt aus der Gründerzeit (1912). Zahlreiche Theater, Konzertsäle, Cafés und gute Restaurants vervollständigen das Bild einer europäisch geprägten Metropole. Im 20. Jahrhundert kamen, wie in jeder amerikanischen Großstadt, diverse Hochhäuser hinzu.

Das Teatro Colón zwischen der Plaza Lavalle und der 18-spurigen Avenida 9 de Julio ist das größte und berühmteste Theater Argentiniens. Das sehenswerte Bauwerk, den Stil der italienischen Renaissance und des Klassizismus aufnehmend, wurde um 1900 erbaut und zählt zu den besten fünf Opernhäusern der Welt. Zur Einweihung 1908 wurde Giuseppe Verdis Aida aufgeführt.

Das historische und politische Zentrum Argentiniens ist die Plaza de Mayo, mit dem Regierungspalast *Casa Rosada*. Seitdem sich am 25. Mai 1810 an diesem Ort eine Vielzahl von Menschen versammelte, um die Unabhängigkeit von der spanischen Kolonialherrschaft zu fordern, haben sich hier immer wieder Menschenmassen zusammengefunden, um ihren Präsidenten zu bejubeln oder

Von der Plaza Colón aus genießt man den Blick auf die Rückseite des Regierungsgebäudes Casa Rosada.

um Protest kundzugeben. Berühmt geworden sind hier vor allem die *Madres de la Plaza de Mayo*, die Mütter, die seit Beginn der letzten Militärdiktatur jeden Donnerstag das Verschwinden ihrer Kinder anprangern.

Gegenüber der Casa Rosada steht das weiß getünchte Kolonialgebäude des Cabildo. Das ehemalige Rathaus ist heute als historisches Museum begehbar. Daneben erhebt sich die im klassizistischen Stil erbaute Kathedrale der Stadt, in der die Gebeine von General San Martín, dem Befreiungskämpfer, ruhen.

Von hier verläuft die berühmte Prachtstraße Avenida de Mayo, deren französischer Boulevard-Stil zwar leicht bröckelt, aber immer noch viel Charme besitzt. Die Hauptschlagader für

Kultur, Theater und Restaurants bildet die Avenida Corrientes, während die Fußgängerzone der Calle Florida eine lange und belebte Einkaufsstraße ist. Sehenswert sind hier die Galerías Pacífico, ein edles Einkaufszentrum, das 1880 nach dem Vorbild der Galerien Vittorio Emanuelle in Mailand und des Pariser Bon Marché erbaut wurde.

Jedes der 48 Stadtviertel (*barrios*) von Buenos Aires hat ein eigenes Flair und ‚erzählt' Geschichten. In Recoleta leben die Reichen der Stadt – hier lassen sie sich auch begraben. Auf dem berühmten Friedhof La Recoleta fand beispielsweise Evita Perón ihre letzte Ruhe. Im französischen Stil erbaute Villen und zahlreiche Cafés bringen dieses Viertel seinem Vorbild Paris sehr nahe.

Blick auf die Kathedrale der Provinzhauptstadt La Plata.

Ein Teil des grünen Villenviertels Palermo hat sich seinen charmanten Altstadt-Charakter bewahren können, daher heißt jener Part auch Palermo Viejo – altes Palermo. Neuerdings haben Designer und junge Kreative die schönen Altbauwohnungen und nostalgischen Cafés wieder neu belebt.

In dem von italienischen Einwanderern geprägten Hafenviertel La Boca steht die Wiege des Tangos – La Boca ist deshalb übersät von Touristen und Souvenirshops. Durch den Tango bekannt wurde die kleine Gasse *caminito*, in der einheimische Künstler hauptsächlich Bilder mit Tangomotiven feilbieten. Dennoch ist La Boca auch heute noch ein pittoreskes Wohnviertel, dessen bunt bemalte Wellblech- und Holzhäuser weltberühmt wurden.

Das ebenfalls italienisch geprägte San Telmo ist ein beschauliches Künstlerviertel mit kleinen Gassen und Plätzen. Auf der Plaza Dorrego im Herzen des Viertels, lassen sich jeden Sonntag stilvolle Antiquitäten erwerben. Tango wird hier unter freiem Himmel getanzt. Chic und neu sind dagegen die renovierten Hafendocks von Puerto Madero. Die alten Backsteinspeicher direkt am Wasser wurden zu Designer-Lofts und Restaurants umgestaltet.

Rechts: Ein altes Eckhaus im historischen Stadtteil San Telmo.
Folgende Seite: Urbanes Schauspiel auf einer der unzähligen Plazas.
Unten: Werbebilder bedecken die Gerüste von Gebäuden, die renoviert werden.

Gesellschaft

Buenos Aires war von Beginn an ein Schmelztiegel der Kulturen mit vorwiegend europäischen Einflüssen. In der Reihenfolge ihres prozentualen Anteils kamen seit dem frühen 19. Jahrhundert Italiener, Spanier, Franzosen, Deutsche, Engländer, Polen, Griechen, Syrer und Libanesen. Heute gesellen sich auch Immigranten aus Asien und aus lateinamerikanischen Nachbarländern hinzu, unter denen viele in eigenen Vierteln leben.

Nirgendwo sonst ist wohl die Suche nach einer kulturellen Identität so schillernd, so widersprüchlich, wie in der Hauptstadt am Río de la Plata. Hier kann man die höchste Dichte an Psychoanalytikern in Lateinamerika zählen, was darauf hinweist, dass sich die Bonarenser gern mit sich und ihren Konflikten beschäftigen; gerade das Künstlerviertel Palermo Viejo trägt den Spitznamen ,Villa Freud'.

Buenos Aires wirkt anziehend, wie sonst ließe sich erklären, dass über ein Drittel der argentinischen Bevölkerung an diesem Ort lebt. Das kulturelle Angebot ist überwältigend vielseitig und läuft scheinbar rund um die Uhr.

Legendär ist das Improvisationstalent der Porteños, gepaart mit kreativen Überlebenstricks – so ist etwa die lebendige Filmszene der Stadt ein triumphaler Sieg über widrige Umstände. Die Atmosphäre dieser Megapolis wirkt überwiegend menschlich, warmherzig und beschwingt, was ausschließlich auf die Mentalität ihrer Bewohner zurückzuführen ist. Die sprichwörtliche, in vielen Tangos besungene Melan-

Vorhergehende Seite: Ein Straßenzug auf dem berühmten Friedhof *Recoleta*.
Unten: Eine von zahlreichen Parkanlagen in La Plata.

cholie der *porteños* ist ebenso ein Charakteris-tikum, wie ihr Hang zum Übertreiben und das ausgeprägte Talent zur Selbstinszenierung.

Viele Intellektuelle und Künstler leben hier, fas-zinieren durch ihr Schaffen und machen Schlag-zeilen auf der ganzen Welt mit Filmen, Büchern, Forschung, Musik, Malerei etc. Einen unver-zichtbaren Treffpunkt für die Liebhaber urbaner Kultur bilden die zahlreichen Cafés. Porteños finden immer einen Anlass zum Plaudern oder heißen Diskutieren bei einer Tasse *café con leche* oder einem *cortado*.

Am berühmtesten ist sicher das 1858 eröffnete Café Tortoni in der Avenida de Mayo, zu dessen illustren Gästen bereits Schriftsteller wie Borges, Ortega y Gasset und García Lorca zählten sowie die Tango-Legende Carlos Gardel. Auf eine

bewegte Historie seit 1928 blickt auch das Café Británico in der Calle Defensa zurück.

Die kleine, aber umso einflussreichere Ober-schicht der Metropole zieht ganz exklusiv ihre eigenen Kreise: Industrielle, Großgrundbesitzer, Prominente, Politiker und Militärs leben in den Villenvierteln Palermo, Belgrano, Recoleta, neu-erdings auch in den Luxusapartments von Puerto Madero oder außerhalb der Großstadt, in priva-ten, streng überwachten und luxuriösen Wohnkomplexen, sogenannten *countries*. Gut Betuchte verbringen ihre Freizeit in dem grünen Paraná-Delta El Tigre oder in exklusiven See-bädern wie Mar del Plata und Punta del Este am Atlantik. Während viele Menschen auch sechs Jahre nach der schweren Krise von 2002 nach wie vor unterhalb der Armutsgrenze leben, hat die Oberschicht vom wirtschaftlichen Zusammen-

Glasfassade des Sheraton-Hotels auf der Avenida Leandro N. Alem.

Die Werbung der Fluggesellschaft Austral erleuchtet die Nacht.

bruch des Landes keine schweren Folgen zu spüren bekommen.

Wie in jeder Metropole der Superlative, lassen sich auch in Buenos Aires Schattenseiten finden. Um nur einige darunter zu nennen: Als Folge der Wirtschaftskrise 2001 stieg die Arbeitslosigkeit und damit einhergehend die Armut in der Bevölkerung. Die Jugendkriminalität hat angesichts der schwierigen sozioökonomischen Lage in der Bevölkerung zugenommen. Nach einer Statistik des Sicherheitsministeriums von Buenos Aires ist die Zahl der von Minderjährigen verübten Verbrechen in den letzten Jahren stark gestiegen. Auch Drogen werden konsumiert, Ecstasy ist unter vielen Jugendlichen beliebt. Rund 1,2 Millionen Argentinier rauchen Marihuana und

440 000 konsumieren gelegentlich Kokain, ergab eine Studie der staatlichen Drogenpräventionsstelle im Jahr 2006. Dramatisch gestiegen, insbesondere unter den armen und obdachlosen Jugendlichen, ist auch der Konsum der chemischen Billigdroge *paco*, die extrem gesundheitsschädlich ist und in kürzester Zeit in den Tod führen kann.

Trostlos sind die Slums mit Blech- und Bretterhütten der *villas miserias* in den Randbezirken der Stadt. Im Großraum Buenos Aires lebt fast jeder Zweite unter der Armutsgrenze. Hinzu kommen die *cartoneros*, Menschen, die in der Innenstadt alte Pappe, Papier und Müll sammeln, um sich vom Recycling ein bescheidenes Auskommen in der Provinz zu sichern.

Eine bunte Hauswand im malerischen Hafenviertel *caminito* von Buenos Aires.

Nicht zuletzt leidet die Stadt am übermäßigen Autoverkehr und chaotischen Straßenverhältnissen. Die Luftverschmutzung hat zugenommen und die Zahl der Verkehrstoten ist erschreckend hoch: Nach Angaben der Organisation ‚Luchemos por la vida' (Kämpfen wir für das Leben) starben auf den Straßen im Jahr 2007 rund 9000 Personen.

Tango

Tango ist der Inbegriff der argentinischen Kultur – seine Entstehungsgeschichte ist ausgesprochen hybrider Natur und wird oft heftig debattiert. Fest steht, dass jedes im Laufe der Zeit hinzugekommene einzelne Element, die Instrumente, der Tanz, Gesang und Text, seinen eigenen Ursprung hat. Allgemein gilt die Gegend um den Río de la Plata – mit den Metropolen Buenos Aires und Montevideo – als Geburtsstätte des Tangos. Der Gesang ist ohne Zweifel stark von italienischen Einwanderern aus Genua, Neapel und dem Piemont geprägt. Nicht zu leugnen sind erhebliche afrikanische Einflüsse auf Rhythmus und Choreografie des Tangos. Immigranten spielten ihn zuerst in den Bordellen und Lagerhallen des Hafenviertels La Boca. Die dort lebenden Seemänner kamen vorwiegend aus Süditalien, Andalusien sowie aus Candombe, Afrika. Die Melodien dieser Länder vereinigten sich mit der spanisch-afrikanischen Milonga der Gauchos und mit den Habaneras, den Liedern der Sklaven auf den kubanischen Zuckerrohrplantagen.

Oben: Den charakteristischen Klang des Tangos prägt unter anderem das Bandoneon.
Links: Das Viertel Recoleta zieht mit seinen prächtigen Galerien rund um den alten Friedhof viele Touristen an.
Folgende Seite: Auf den Fassaden der Gebäude auf der Plaza San Martín sieht sich der Sonnenuntergang besonders schön aus.

Anfang des 20. Jahrhunderts bekam der Tango seine typische, den Rhythmus betonende und wechselnde Form. Der klassische *tango* wird im 2/4-Takt gespielt, während die *milonga* im schnellen 6/8-Takt als eine frühe, vom afrikanischen Candombe beeinflusste, Form des Tangos gilt. Dagegen ist der 3/4-Takt des *tango-vals* mit dem Wiener Walzer verwandt und wird ohne stoppende Figuren getanzt.

Heute liegt das Zentrum des Tangos in dem Altstadtviertel San Telmo. Auf der Plaza Dorrego im Herzen des Viertels tanzen Tangopaare für Schaulustige; die eingefleischten Tangueras und Tangueros zieht es zu den angesagten Milongas der Stadt, wie etwa ‚El Niño Bien', ‚El Beso' oder ‚La Viruta'. Beim argentinischen Tango stehen das harmonische Zusammenspiel der Tanzpartner, Körperwahrnehmung und gemeinsame Improvisation im Vordergrund. Der in den 80er-Jahren für Touristen entwickelte *paso básico* spielt kaum eine Rolle.

Tango Argentino feierte seine Blütezeit im Heimatland in den 20er-, 30er- und 40er-Jahren. Der bekannte Carlos Gardel war zu jener Zeit ein gefeierter Sänger; zu den wahren Meistern der Tangointerpretation zählen aber auch Ignacio Corsini, Agustín Magaldi sowie Rosita Quiroga. Zudem füllten große Tangoorchester die Tanzsäle. Der berühmte Pianist Osvaldo Pugliese gründete sein eigenes Orchester und gilt als ein Wegbereiter des modernen Tangos. Nach der Goldenen Ära des Tangos kamen zunehmend andere Musikstile in Mode, wie Bolero und Jazz in den 50er-, Rock und Pop in den

60er- und 70er-Jahren. Vor allem die argentinische Jugend verlor das Interesse am Tango, außerdem gingen einige politisch engagierte Musiker während der Militärdiktatur ins Exil nach Europa.

Inmitten dieser Zeit begann der Komponist Astor Piazzolla aus Buenos Aires mit einer Erneuerung des Tangos: Dem klassischen Sexteto-Orchester fügte er E-Gitarre und Schlagzeug hinzu, seine Tangokompositionen durchmischte er mit Elementen aus anderen Musikstilen – Jazz, Afro, Samba – und schuf den Tango Nuevo, der international bekannt und gefeiert wurde.

Erst seit der Jahrtausendwende füllen sich die Tanzakademien und Clubs wieder mit jungen Tänzerinnen und Tänzern. Der Nachwuchs mischt die Tangokultur neu auf, kombiniert den Klang des Bandoneón, das um 1870 vom Rhein an den Río de la Plata gelangt war, mit Electrobeats und zeitgenössische Themen werden in den Textliedern zur Sprache gebracht. Selbst mit den traditionellen Geschlechterrollen bricht die junge Generation: Gay-Tango bekommt zunehmend mehr Raum in Buenos Aires.

Wirtschaft

Auf dem fruchtbaren Boden der *pampa húmeda* gedeihen Vieh, Weizen und Mais auf das Prächtigste. Vor allem Soja brachte den Landwirten hohe Gewinne und viel Kritik von Umweltaktivisten. Riesige Rinderherden weiden auf den Grasweiden der Pampa. Noch heute gibt es die legendären *estancias*.

Die meisten Fleisch-, Molkerei-, Korn-, Tabak-, Wolle- und Fellprodukte des Landes werden im Gebiet von Buenos Aires hergestellt oder verarbeitet. Andere führende Industrien sind die Automobilherstellung, Ölraffinerien, Metallbearbeitung, Maschinenbau, Textil und Chemie.

Die Hauptstadt ist das Industriezentrum des Landes. Der Seehafen ist seit Gründung der Republik wichtigster Handelsumschlagplatz. Große Containerschiffe und Tanker haben Zugang zu den insgesamt fünf Terminals, an denen jährlich insgesamt 8 71 0000 Tonnen Fracht verladen werden. Über acht Kilometer entlang des Río de la Plata verteilen sich die Hafenanlagen und Schiffsbecken dieses wichtigsten Hafens von Südamerika.

Politik

Die Bundeshauptstadt Buenos Aires (Capital Federal) besitzt seit 1996 eine eigene Verwaltung und ein eigenes Parlament, unterliegt jedoch der Zuständigkeit der Bundesgerichte und der Bundespolizei.

Als Hauptstadt ist Buenos Aires Sitz von Parlament und Regierung des Landes Argentinien. Derzeit ist Mauricio Macri Stadtregierungschef von Buenos Aires. Seit Ende 2007 residiert die Präsidentin des Landes, Cristina Fernández de Kirchner, in der Casa Rosada, dem rosafarbenen Präsidentenpalast. Die Farbe des 1894 erbauten Gebäudes soll angeblich ein Zugeständnis an die seit ehedem gegnerischen Parteien der Unitaristen (weiß) und Föderalisten (rot) gewesen sein.

Seit der Aufhebung des Schlusspunkt- und des Befehlsgehorsamsgesetzes (Ley de Punto Final und Ley de Obediencia Debida) durch Néstor Kirchner ist die Kapitale Schauplatz zahlreicher Verfahren gegen mutmaßliche Täter von Menschenrechtsverbrechen des Militärregimes von 1976 bis 1983. Die Liste der Verfahren gegen die Folterer und Schergen der Diktatur ist lang – die juristische Aufarbeitung jedoch langsam und mühselig.

Die Provinz Buenos Aires ist eine von insgesamt 23 argentinischen Provinzen; ihr Territorium gliedert sich in 134 Verwaltungssektionen (*partidos*). Sie umfasst auch das Ballungszentrum der Hauptstadt.

La Plata – Provinzhauptstadt

Rund 60 Kilometer südöstlich von Buenos Aires
liegt La Plata, die Hauptstadt der Provinz
Buenos Aires. La Plata wurde erst 1881 gegründet und ist eine extrem symmetrisch angelegte
moderne Stadt mit einer relativ jungen
Geschichte. Die große Universität, viele Parks,
einen zoologischen Garten und weit weniger
Abgase als in der Hauptstadt machen die ‚kleine
Schwester' zu einem attraktiven Ort.

Mar del Plata

Das größte Seebad Argentiniens (570 000
Einwohner) zieht jährlich drei Millionen
Urlauber aus allen Bevölkerungsschichten an.
Insgesamt 20 Kilometer lange und sehr breite
Strände an der Atlantikküste, Restaurants,
Diskotheken und große Hotelkomplexe sind das

wesentliche Kapital des Ortes. Sehenswert sind
Gebäude und Ferienvillen im Jugendstil und Art
Déco, aus der Zeit, als das ‚argentinische
Biarritz' noch exklusiver Badeort der reichen
Oberschicht war. Der Seehafen ist ein wichtiges
Fischereizentrum Argentiniens.

Bahía Blanca

Bahía Blanca (280 000 Einwohner) liegt im Süden
der Provinz Buenos Aires am Atlantik. Der
Name bedeutet ‚weiße Bucht' und lässt sich auf
die dortigen flachen Buchten zurückzuführen.
Bei Ebbe zieht sich das Wasser sehr weit zurück,
sodass eine weite, ‚weiße' Sandfläche sichtbar
wird. In der Innenstadt finden sich mehrere um
1900 erbaute Häuser, teils im prachtvollen
Neoklassizismus, teils im Jugendstil: das Theater, das Gebäude der Banco Nación, der Justiz-
palast sowie das Rathaus. Die Kathedrale hält
mit einer neokolonialen Architektur dagegen.

La Pampa — Land der Gauchos und estancias

Westlich der Provinz Buenos Aires, vor den Toren der Hauptstadt, beginnt die Provinz La Pampa. Mit ihr setzt sich der Landschaftsraum der *pampa* fort, der bereits in Buenos Aires beginnt. Das Gebiet bildet erst seit 1955 eine eigenständige Provinz mit dem Namen La Pampa und stand stets in enger Verbindung zu Buenos Aires. Ohne das fruchtbare, flache Weideland von La Pampa wäre der ursprünglich durch Viehzucht begründete Reichtum der Hauptstadt nicht denkbar gewesen.

Wohlhabende *estancias* prägen die weite Landschaft von La Pampa, deren Besitzerfamilien ihre Güter vor allem über den Hafen von Buenos Aires exportierten. Auch kulturell steht La Pampa traditionell unter dem Einfluss der Hauptstadt – die *estancieros* und ihre Familien orientierten sich gern am Geschmack, der in Buenos Aires geläufig war. Umgekehrt beeinflusste die ländliche Pampa ein kulturelles Kleinod der Porteños: den Tango.

Die Pampa war Heimatland der Gauchos, den berittenen Viehhirten auf den *estancias*. Gauchos sangen traditionell spanische *payadas* – in Versen improvisierte kontrapunktische Gesangstücke. Diese Elemente prägten auch die Milonga, die als eigenständige Gattung in das Spektrum des Tangos einfloss.

Links: Lange, flache und teils holperige Straßen findet man allerorts in La Pampa.
Unten: In diesen beeindruckenden Weiten scheint der Himmel die Erde zu küssen.

Geografie

La Pampa gehört zu den reichen Regionen Argentiniens, dank der außergewöhnlichen Fruchtbarkeit des Bodens, einer flachen Landschaft mit sanften Hügeln und praktisch ohne steinigen Boden. In diesem weiten Weideland mit scheinbar unendlichem Horizont liegt der Ursprung der Gauchos. Im Gegensatz zur *pampa húmeda* von Buenos Aires, herrscht in der Provinz La Pampa Trockenheit vor, die Richtung Westen noch zunimmt.

Im Westen grenzt die Provinz an Córdoba und Mendoza, im Osten an Buenos Aires. Südlich des Río Colorado beginnt die Region Patagonien mit der Provinz Río Negro. Von Westen nach Osten fließt der Río Salado (salziger Fluss) durch La Pampa. Im Herzen der Provinz liegt die Hauptstadt Santa Rosa de Toay (102 000 Einwohner). Eine Attraktion der Provinz ist der Lihué Calel Nationalpark im Süden, in dessen leicht bergiger Landschaft (bis zu 600 Meter) auch prähistorische Funde der indianischen Araukaner zu sehen sind.

Geschichte

Hernandarias aus Paraguay war im Jahr 1604 der erste Entdecker, der die Region erreichte; erforscht wurde sie später im Jahr 1662 durch den spanischen Conquistador Jerónimo Luís de Cabrera. Der Widerstand der Eingeborenen verhinderte lange Zeit die endgültige Besiedlung durch Europäer. Erst im Zuge der zwei groß angelegten ‚Wüstenkampagnen' im 19. Jahrhundert – zunächst 1833 unter Präsident Rosas und dann

Das Pampasgras stammt aus Südamerika und wächst in der argentinischen Pampa prächtig.

noch einmal 1877 unter dem gnadenlosen General Roca – wurden die Ureinwohner systematisch ermordet oder vertrieben und das Gebiet zwischen den Offizieren aufgeteilt. So entstand 1884 das *Territorio Nacional de La Pampa Central.*

Es war und ist das Mutterland der Gauchos. Der Mythos des Gauchos entstand, als die Spanier nach der ersten Stadtgründung 1536 in die Flucht geschlagen wurden und einige ihrer Pferde, Rinder und Bullen zurückließen, die sich auf dem fruchtbaren Boden der Pampa bestens vermehrten. Vieh und Land waren frei, die Gauchos trieben die Herden zusammen und lebten von dem, was die Natur ihnen gab. Die Pferde ritten sie, als seien sie im Sattel geboren, trugen weite Hosen, Stiefel, einen breiten Hut und mit Silberketten verzierte Gürtel, dazu Lasso und *boleadoras* (Schleuderkugeln).

Ursprünglich spanischer Abstammung, später zunehmend Mestizen, bewegten sie sich traditionell viel im indianischen Milieu, lebten abseits von der urbanen, europäisch geprägten Gesellschaft und nahmen sich nicht selten eine *indígena* zur Frau. Sie verkörperten Mut und Freiheit.

Der Niedergang der Gauchos begann, als das Fleisch in Kühlhäusern gelagert werden konnte und die *estancias* mit Stacheldraht eingezäunt wurden. Gauchos überlebten als Viehdiebe und später als schlecht bezahlte Landarbeiter. Im 19. Jahrhundert kämpften sie auch im Unabhängigkeitskrieg gegen Spanien mit, was ihren Ruhm neu belebte.

Elemente ihrer Tracht – besonders beim Gauchofestival in San Antonio de Areco zu bewundern – und ihre Sattelfestigkeit sind dennoch

In zahlreichen Stilen wurden in der Pampa die Herrenhäuser, *estancias,* gebaut.

erhalten geblieben. Ihr Mythos stirbt nie: Der argentinische Dichter José Hernández setzte ihnen 1872 ein Denkmal mit dem Versepos ‚Martín Fierro', das bis heute in keiner Schulbücherei fehlen darf.

In La Pampa ist die vielfältige, feudale Architektur der *estancias* noch intakt. Die Herrenhäuser der Großgrundbesitzer wurden in unzähligen Stilen erbaut, vom spanischen Kolonialstil, über den Tudorstil aus England bis zum klassischen französischen Design. Viele *estancieros* leben nicht mehr ausschließlich von der Landwirtschaft, sondern haben Gästezimmer für Touristen eingerichtet. In San Antonio de Areco hat die Estancia El Ombú de Areco ihre Tore für Besucher geöffnet, gleich dahinter auch das toskanische Gutshaus La Bamba. Die elegante Estancia La Porteña – in der der Adlige Ricardo Güiraldes das Pampa-Epos vom Gaucho ‚Don Segundo Sombra' schrieb – ist leider nicht mehr zu besichtigen.

Wirtschaft

Rinderzucht ist die bedeutendste Wirtschaftssparte der Provinz La Pampa: Über 3,5 Millionen Rinder grasen auf den feuchten Weiden dieser Provinz. Daneben werden Schafe, Schweine und Geflügel gemästet.

Im Nordosten, wo das Land fruchtbarer ist, wachsen Weizen (10 Prozent der nationalen Produktion), Sonnenblumen, Mais und Soja. La Pampa lebt neben dem Fleischhandel auch von der Milchindustrie mit 300 Molkereien und 25 Käsefabriken sowie von Honig- und Salzproduktion.

Der Tourismus ist weniger stark entwickelt, Besucher kommen vor allem in die Hauptstadt Santa Rosa, in den Lihué Calel Nationalpark, den Parque Luro oder sie besuchen eine der vielen *estancias*.

Rechts: Gauchos gibt es nicht nur in der Provinz La Pampa, sondern in ganz Argentinien.
Unten: Die *gauchos* sind traditionell Viehhirten und ausgesprochen begabte Reiter.

MESOPOTAMIA
DIE PROVINZEN CORRIENTES, ENTRE RIOS UND MISIONES

Geografie

Der Nordosten Argentiniens grenzt nördlich an Paraguay und Brasilien, im Westen an das kleine Land Uruguay. Er ist von subtropischem Klima geprägt und vor allem in den östlichen dichten Wäldern mit einer reichen Flora und Fauna gesegnet. *Mesopotamia* (Zweistromland) heißt im Nordosten der grüne Gürtel zwischen den Flüssen Río Paraná und Río Uruguay. Das Gebiet umschließt die Provinzen Misiones, Entre Ríos und Corrientes. Der Süden von Entre Ríos und Corrientes ist flach, das nordöstliche Misiones hingegen von niedrigen, waldigen Bergen durchzogen.

Bei einer permanenten Luftfeuchtigkeit von 75 bis 90 Prozent wuchern auf dem charakteristi-

Rechts: Ruine einer Jesuitenreduktion in Santa Ana.
Folgende Doppelseite: Sonnenuntergang am Río Paraná.
Unten: Schmetterling aus der Morpho-Familie.

Eine Yerba-Mate-Plantage im immergrünen Misiones.

schen roten Lehmboden immergrüne Regenwälder, in denen Farne, Lianen, Schling- und
Kletterpflanzen um die Bäume ranken.

Mesopotamien ist auch das Stammland der
Yerba-Mate Plantagen, aus denen die Blätter für
das argentinische Nationalgetränk gewonnen
werden. Das beliebteste Touristenziel des Nordostens ist zweifellos das waldige Bergland von
Misiones, der nach Tucumán kleinsten Provinz
Argentiniens (29 800 km²). Zum einen können
hier die Ruinen der Jesuitenreduktionen inmitten von wild wachsender subtropischer Vegetation besichtigt werden, zum anderen sind im
Nationalpark an der Grenze zu Brasilien und
Paraguay die faszinierenden Wasserfälle von
Iguazú zu bewundern. In mehr als 270 Kaskaden
stürzt das Wasser des Río Iguazú bis zu 70 Meter
tief hinab. Der Nationalpark Iguazú ist die Heimat von etwa 2000 Pflanzenarten, ebenso vielen
Schmetterlingen, vierhundert Vogelarten und

über hundert verschiedenen Säugetieren. Wer
sich über den schmalen Pfad *Sendero Macuco* in
den subtropischen Urwald hineintraut, kann
Riesentukanen mit orangefarbenem Schnabel,
kleinen scheuen Nasenbären sowie Kapu-
zineraffen begegnen.

,Entre Ríos' im Süden der Region bedeutet
,Zwischen Flüssen' und verweist auf die geografische Lage des Gebietes zwischen den beiden
Strömen Río Paraná, der die Grenze zu den
Nachbarprovinzen Buenos Aires und Santa Fé
bildet, und Río Uruguay, an der Grenze zu dem
gleichnamigen Nachbarland. Diese für argentinische Verhältnisse dichter besiedelte Provinz (1,2
Millionen Einwohner verteilen sich auf 78 781
km² Fläche) weist in der südlichen Pampa-Landschaft ein Viehzuchtgebiet mit großen *estancias*
auf. Weiter nördlich gedeihen aufgrund des
feuchten Klimas Zitrusfrüchte und Reis. Westlich des Río Uruguay erstreckt sich der Natio-

Kleine Papillonidae auf typisch roter Erde.

nalpark El Palmar, in dem bis zu 100 Jahre alte Yatay-Palmen zwanzig Meter in die Höhe ragen.

In der subtropischen Provinz Corrientes (88 199 km²) befindet sich das große Lagunendelta Esteros del Iberá. In diesem teils unberührten Sumpfgebiet haben sich treibende Inseln aus Erdpartikeln und Wasserpflanzen gebildet – so genannte *malotes*, schwimmende Vegetationsmatten. Daneben blüht die betörend duftende Riesenseerose *Victoria Regia*. Wasserschweine, Sumpfhirsche, Alligatoren, selbst die bis zu neun Meter lange Anakonda, sind hier zu Hause. Die Vielfalt an Flora und Fauna im Lagunendelta soll Ähnlichkeit mit der im brasilianischen Pantanal besitzen.

Geschichte

Die Kulturgeschichte Mesopotamiens ist eng mit dem Einzug der Jesuiten in das Grenzgebiet von Paraguay, Brasilien, Argentinien und Uruguay verknüpft. So lässt sich die Gründung der Stadt Corrientes und der gleichnamigen Provinz auf Jesuitenmissionen auf das Jahr 1588 zurückführen. Die Jesuitenbischöfe Marcial de Lorenzana und Francisco de San Martín verließen Asunción (die heutige Hauptstadt Paraguays) im Dezember 1609 mit dem Ziel, in dem damals zu Paraguay gehörenden Gebiet des Paraná-Flusses Reduktionen zu gründen. Die erste errichteten die Padres im heutigen Paraguay und nannten sie *San Ignacio Guazú*. 1615 gründete Roque González de Santa Cruz die Mission Nuestra Señora de la Encarnación de Itapúa dort, wo heute die Provinzhauptstadt Posadas liegt. Später entstand aus der Reduktion der Kern der heutigen Stadt Encarnación, die inzwischen auf dem rechten paraguayischen Paraná-Ufer liegt, gegenüber von Posadas. In den folgenden Jahren kamen zahlreiche Reduktionen hinzu.

Auf Initiative des Jesuitenordens wurden ab 1604, mit Erlaubnis der spanischen Krone, die Siedlungen der Guaraní als Schutzgebiete eingerichtet. So sollten die Indianer vor den Übergriffen von Sklavenjägern und vor dem ausbeuterischen System der *encomiendas* geschützt werden; auf der anderen Seite konnte damit sichergestellt werden, dass sie friedlich blieben und die spanische Besiedlung der Ländereien nicht durch kriegerische Angriffe störten. In diesen Reduktionen lebten bis zu tausend Guaraní-Indianer mit einigen Padres zusammen und versorgten sich mit Ackerbau, Viehzucht und Kunsthandwerk. Das Land war zum größten Teil Gemeindeland, wobei auf kleinen Parzellen auch Familien lebten.

Bevor die Jesuitenreduktionen entstanden, hatten kreolische *encomenderos* die Ländereien der Guaraní skrupellos an ihre Großgrundbesitze annektiert und Indianer als Sklaven gehalten. Die jesuitischen Missionare bildeten die Indianer hingegen aus, lehrten sie lesen und schreiben, boten ihnen Essen und geschützte Unterkunft gegen Arbeit an; im Gegenzug verboten sie ihre Glaubensvorstellungen und entfremdeten sie ihrer gewohnten Lebensweisen. Statt Autonomie zu fördern verlangten sie Gehorsam. Immerhin fanden *indios* hier Schutz vor den Kreolen: Die Siedlungen durften nur Guaraní-Indianer sowie Jesuiten und geladene Gäste betreten.

Die jesuitischen Enklaven unterstanden nicht der Rechtsprechung der Kolonialregierung, sondern waren allein der spanischen Krone unterworfen. Die Jesuiten genossen ein bevorzugtes Verhältnis zum spanischen Königshaus und waren von ihm steuerbefreit, was bald großen Neid unter den

Trotz kleiner Altersschwächen fährt dieser Lastwagen täglich.

Kreolen hervorrief. Sie unterstellten den geistlichen Brüdern die Verbergung großer Goldschätze und fürchteten, ihr Machtgebiet könne sich in ganz Südamerika weiter ausdehnen – zumal sie die *indios* innerhalb des Jesuitenstaates bewaffneten, um sich gegen Angreifer von außen verteidigen zu können.

Die Jesuitenreduktionen erwirtschafteten üppige Ernten mit großen Überschüssen an Getreide, Zucker, Yerba-Mate und Baumwolle, die in geräumigen Gemeindehäusern eingelagert wurden; ein Teil davon ging direkt an die spanische Krone. Die Padres handelten sich im Laufe der Jahre Konflikte mit den Kolonialbehörden und Großgrundbesitzern ein, die sie um ihre erfolgreiche Bewirtschaftung von riesigen Ländereien beneideten. Als auch in Europa die Jesuiten rasch entmachtet wurden, befahl der spanische König

1767 kurzerhand alle Jesuiten aus den spanischen Gebieten Lateinamerikas zu vertreiben. Somit fand die Erfolgsgeschichte der Jesuitenmissionen nach knapp zweihundert Jahren ein Ende.

In der Nachbarprovinz Entre Ríos schrieb die Provinzhauptstadt Paraná Mitte des 19. Jahrhunderts Geschichte: Von 1853 bis 1861 war sie Argentiniens Regierungssitz unter dem Präsidenten José de Urquiza. Nach dem vorangegangenen Terrorregime des Föderalisten General Rosas schlug Urquiza von Paraná aus eine neue Richtung ein: Er versuchte eine friedliche Vereinigung der Provinzen, gründete Schulen und verbesserte das Verkehrssystem.

Paraná gilt zudem als Zentrum für das Nationalgetränk Mate und hat ihm durch die Widmung eines eigenen Museums ein Denkmal

Straßenzug in der Kleinstadt Leandro N. Alem in der Provinz Misiones.

gesetzt. Die Guaraní bereiteten aus dem Mate-Strauch, der ursprünglich aus den feuchten Wäldern zwischen Río Paraná und Río Paraguay stammt, ein Getränk, das die Jesuiten schnell als lukratives Exportgut zu schätzen lernten, da sich die wohltuende, erfrischende und gesunde Wirkung der Yerba-Mate in den Kolonien herumsprach.

Eine nicht unbedeutende Rolle für die Geschichte Südamerikas spielt auch der kleine Ort Yapeyú in Corrientes. Hier befand sich zum einen die südlichste Jesuitenmission Südamerikas, zum anderen erblickte José de San Martín am 25. Februar 1778 an diesem Ort das Licht der Welt. Dem verehrten Befreiungskämpfer ist heute neben seinem Geburtshaus ein Museum

gewidmet (Museo Histórico San Martiniano). San Martín wurde posthum sogar in den Stand eines Heiligen erhoben.

Kultur

Auf dem Boden der heutigen Provinz Misiones, nordöstlich der Stadt Posadas, stehen die Ruinen der alten Jesuitenreduktionen aus dem 17. Jahrhundert, unter denen San Ignacio Miní wohl die bekannteste ist. 1695 gegründet entsprach dieser Gutshof einer kleinen Stadt mit Rathaus, Kirche, Wohnhäusern und Werkstätten. Heute ist San Ignacio Miní gut renoviert und für Touristen zugänglich. Die Ruinen sind ein Zeugnis des so genannten ,Guaraní'-Barock, da die Re-

Rechts: Eine Ruine aus der großen Reduktion San Ignacio Miní, die zur Besichtigung offensteht.
Unten: Es gibt einen regen Busverkehr zwischen den Städten und Dörfern von Misiones, Corrientes und Entre Ríos.

duktion nach den Vorgaben europäischer Baumeister von Guaranís erbaut wurde. In dem Ort San Ignacio in der Nähe der Mission lebte auch der uruguayische Dichter Horacio Quiroga (1878 bis 1937), dessen Wohnhaus heute zur Besichtigung offen steht.

Elf der insgesamt ursprünglich fünfzehn Jesuitenmissionen auf heutigem argentinischen Gebiet befinden sich in der Provinz Misiones: Sie liegen alle auf der Strecke nördlich von Posadas, den Paraná hinauf Richtung Paraguay. Neben San Ignacio Miní erklärte die UNESCO auch Nuestra Señora de Santa Ana (1637), Nuestra Señora de Loreto (1632) und Santa María la Mayor zum Weltkulturerbe.

Ausgangspunkt für alle Besichtigungen der Ruinen ist das gemächliche Posadas (250 000 Einwohner) am Flussufer des Paraná. Die Provinzhauptstadt von Misiones ist erst Ende des 19. Jahrhunderts gegründet und nach dem einstigen Vorsitzenden der Vereinigten Provinzen Argentiniens benannt worden: Gervasio Antonio de Posadas. Sie weist selbst keine nennenswerten Sehenswürdigkeiten auf.

In der Provinz Corrientes stehen noch Überreste der ehemaligen Reduktionen San Carlos, Santo Tomé, La Cruz y Yapeyú. In der Hauptstadt Corrientes lohnt außerdem ein Besuch der drei bedeutsamsten Kirchen aus der Kolonialzeit: die Iglesia de la Merced von 1628, das Convento San Francisco sowie die Iglesia Cruz

Vorhergehende Seite: Die San-Martín-Wasserfälle in Iguazú.
Unten: Dröhnend stürzt das Wasser den sogenannten Teufelsrachen in Iguazú hinunter.

de Milagro. In Paraná kann das alte Senatsgebäude besichtigt werden, das an die Zeit erinnert, als die argentinische Landeshauptstadt noch ihren Sitz hier hatte. Dem alten Senat gegenüber stehen der Kuppelbau der Kathedrale von 1882 sowie der ehemalige Stadtpalast des Präsidenten Urquiza.

Die geografische und kulturelle Nähe zu Brasilien ist in den Provinzen Corrientes und Entre Ríos spürbar. Hier befinden sich auch die argentinischen Hochburgen des Karnevals. Gualeguaychú und die Hauptstadt Corrientes feiern besonders farbenfroh und tanzen zum fröhlichen *chamamé*: Einer musikalischen Synthese aus den Traditionen, die die europäischen Jesuiten ins Land brachten und den einheimischen, indianischen Rhythmen und Instrumenten.

Gesellschaft

Im Nordosten Argentiniens leben viele Nachkommen europäischer Einwanderer, wobei der Anteil an Mestizen und indianischer Bevölkerung höher ist als in Zentralargentinien oder Buenos Aires. In Misiones und Corrientes siedelten vor der Conquista im Wesentlichen Guaraní-Indianer, deren Sprache (Guaraní) in diesen Regionen teils noch lebendig ist.

Rund 80 Prozent der Bevölkerung Mesopotamiens konzentriert sich auf die Flusstäler des

Die Hauptstadt Posadas liegt am Ufer des Paraná, gegenüber von Paraguay.

Oben: Im Nationalpark von Iguazú trifft man auf diverse Tier- und Pflanzenarten.
Rechts: Schild im Nationalpark von Iguazú.
Vohergehende Seite: Las Cataratas – die Wasserfälle – liegen größtenteils in Argentinien. Den besseren Gesamtblick hat man allerdings von Brasilien aus.

Paraná, des Uruguay und Paraguay, an denen auch die wichtigsten Großstädte der Region ihren Platz haben.

Nach Paraná, Corrientes und Posadas schlängelt sich der Río Paraná an den Orten Eldorado und Puerto Iguazú (22 000 Einwohner) vorbei. Am Río Uruguay liegt die correntinische Kleinstadt Paso de los Libres (5000 Einwohner). Hier befindet sich auch die Grabstätte des berühmten Naturforschers Bonpland, der einst Alexander von Humboldt auf seiner Südamerika-Expedition begleitete.

Die Siedlungsgeschichte von Entre Ríos und Misiones ist recht jung: Neben Italienern und Spaniern besiedelten Deutsche und Polen die Region ab dem 18. Jahrhundert und brachten Elemente ihrer Kultur mit. Die meisten Wolga-Deutschen, hauptsächlich deutschstämmige arme Bauern, verließen gegen Ende des 19. Jahrhunderts ihre russische oder polnische Heimat, um im Zweistromland am Paraná und Uruguay bessere Bedingungen zu finden.

Sie erhofften sich Freiheit und Unabhängigkeit durch eigenen Weizenanbau, wurden jedoch

Schmetterling in Iguazú.

häufig schon bald nach ihrem Eintreffen von feudalen Großgrundbesitzern ausgenutzt, die sie dazu zwangen, ihre Felder zu beackern oder hohe Preise für Pachtland zu zahlen.

Darüber hinaus gibt es insbesondere in Misiones diverse weitere Einwanderungsgruppen; in der Stadt Oberá wird jährlich das nationale ‚Fest des Immigranten' *(fiesta del inmigrante)* zelebriert, bei dem die verschiedenen Einwanderergruppen (Deutsche, Araber, Brasilianer, Paraguayer, Franzosen, Italiener, Japaner, Polen, Tschechen, Russen, Schweizer, Ukrainer etc.) in großen Umzügen ihre traditionellen Trachten zeigen. Im sogenannten 'Park der Nationen' *(Parque de las*

Naciones), in dem jede Einwanderergruppe ein Haus in der landestypischen Architektur hat erbauen lassen, werden zudem heimische Speisen angeboten.

Neben den Nachfahren europäischer Siedler leben in Misiones heute ungefähr 3 500 Guaraní. Sie beziehen ihren ärmlichen Lebensunterhalt meistens aus Landwirtschaft und vom Verkauf handwerklicher Artefakte. Tief im Regenwald an der Grenze zu Brasilien liegt das UNESCO-Biosphärenreservat Yabotí. Dort leben bis heute sogar noch vereinzelte Jäger- und Sammlergemeinschaften, die erst vor zehn Jahren mit der ‚westlichen' Kultur in Kontakt gekommen sind.

Oben: Das Capybara (Wasserschwein) bewohnt gerne die feuchten Ebenen von Corrientes.
Folgende Seite: Über der „Garganta del Diablo" – der Teufelsschlucht– bilden sich gerne bewundernswerte Regenbögen.

Wirtschaft

Die Wälder von Misiones leiden ähnlich wie die im Chaco unter massiver Abholzung und sind in den letzten hundert Jahren schon um ein Drittel geschrumpft. Die relativ kleine Provinz Misiones bezieht ihre wesentlichen Einnahmen aus dem internationalen Tourismus und dem lukrativen Handel mit Tropenhölzern.

Auf dem feuchten Boden von Misiones wachsen in Teilgebieten Yerba-Mate, Tabak, Zuckerrohr, Reis und Kaffee. Da die Provinz überwiegend von Feucht- und Regenwald bedeckt ist, gibt es kaum Rinderzucht.

Die Hügellandschaft von Entre Ríos ist eine von Agrarwirtschaft geprägte Gegend mit guten Badestränden an den Flüssen Paraná und Uruguay. Dank ausgeprägter Land- und Forstwirtschaft gehört sie zu den dichter besiedelten (1,2 Millionen Einwohner) und wohlhabenderen Provinzen Argentiniens. Auf dem sanften Hügelland weiden Schafe, Pferde und Rinder.

Die sich gerade in jüngster Zeit ausbreitende Milchindustrie produziert jährlich beinahe 250 000 Tonnen Milch und die daraus produzierten Produkte. Entre Ríos erwirtschaftet ferner 37 Prozent der argentinischen Hühner- und Eierproduktion. Das nördlich angrenzende Cor-

rientes ist dagegen dünner besiedelt, aber ebenfalls landwirtschaftlich bewirtschaftet mit Reis, Baumwolle, Zitrusfrüchten, Süßkartoffeln und Mate. Viehzucht spielt hier eine geringere Rolle als in den anderen Landesteilen.

In Corrientes, auf der Insel Yacyretá, steht das nach Itaipó in Paraguay größte Wasserkraftwerk Südamerikas. Westlich der Stadt Posadas breitet sich seit 1998 ein gigantischer Stausee aus (ca. dreifach so groß wie der Bodensee). Der Bau dieser Anlage, bereits während der Militärdiktatur 1983 in Angriff genommen, rief eine riesige Protestwelle unter den vertriebenen Anwohnern und Umweltaktivisten hervor. 60 000 Menschen mussten umsiedeln und große Gebiete des Urwaldes wurden abgeholzt.

Politik

Die Region des Nordostens hat sich seit 1999 gemeinsam mit dem Nordwesten Argentiniens zur Gemeinschaft *Norte Grande* zusammengeschlossen. Diese inländisch ausgedehnte Interessengemeinschaft hat bereits gemeinsame Projekte verwirklicht, obwohl der Regionalvertrag noch von drei Provinzen ratifiziert werden muss.

Abgesehen von verbindenden politischen und wirtschaftlichen Interessen der Großregion ist die traditionelle Einteilung des argentinischen Nordens in Nordwesten (Jujuy, Salta, Tucumán, Catamarca, La Rioja) und Nordosten (Mesopotamien, Chaco und Formosa) nach

wie vor ausschlaggebend – beide Regionen weisen essenzielle historisch-kulturelle Unterschiede auf.

Ein großes umweltpolitisches Problem stellt die Abholzung der Wälder des Nordostens dar, von der insbesondere Misiones betroffen ist. In Entre Ríos hat sich in den letzten Jahren eine starke Umweltbewegung gegen den Bau einer finnischen Zellstofffabrik (Botnia) auf der uruguayischen Uferseite des Río Uruguay gebildet.

Seit zwei Jahren herrschen zwischen beiden Staaten Streitigkeiten um die Zellstofffabrik in Fray Bentos, von der sich Uruguay ein Wirtschaftswachstum verspricht, die in Argentinien aber als Umweltkatastrophe angesehen wird; unter anderem entstanden riesige Eukalyptus-

Monokulturen für die Holzversorgung der Fabrik.

Die Regierung Uruguays hat mittlerweile den Bau weiterer Zellstofffabriken genehmigt. Auch die argentinische Gruppe Tabicuá plant die Errichtung eines Werkes mit einer Kapazität von 700 000 Tonnen Zellstoff pro Jahr in Uruguay. Umweltpolitisch heftig in die Kritik geraten ist ebenfalls das Hydrokraftwerk Yacyretá, dem 108 000 Hektar Regenwald zum Opfer fielen. Wie von Naturschützern vorausgesagt, ist der ökonomische Nutzen des Kraftwerkes verfehlt: Die erzeugten 20 000 Gigawatt Strom pro Jahr übersteigen bei Weitem den Bedarf der Provinz; fast 10 Milliarden Dollar Umweltkosten wurden bereits in die Anlage investiert.

DER NORDOSTEN
DIE PROVINZEN CHACO UND FORMOSA

Geografie

Der Chaco ist eine Provinz im Norden Argentiniens an der Grenze zu Paraguay, die westlich an Mesopotamien anschließt. In dem tropisch bis subtropischen Klima des Chaco mit feucht-heißen Sommern und mäßig warmen, trockenen Wintern, liegt der Hitzepol Südamerikas, explizit in der

Stadt Rivadavia. Die sommerlichen Niederschläge nehmen im Chaco von Ost nach West ab, was dazu geführt hat, dass sich im Westen weitestgehend Trockenwälder und im Osten feuchtere Savannen gebildet haben.

Im Osten, an den Ufern des Río Paraná und Paraguay, erheben sich dichte Palmenhaine, wäh-

Baumwollernte bei Pampa del Indio im Gran Chaco.

Rechts: Vogelschwarm im Dornbuschwald *Impenetrable*.
Folgende Doppelseite: Fahrender Händler mit einem Pferdekarren in der heißen Provinz Chaco.

rend im hoch gelegenen und sehr trockenen Nordwesten des Chaco, an der Grenze zu Bolivien, der sogenannte *impenetrable* einen undurchdringlichen Dornbuschwald bildet, den gelegentlich Pumas, Tapire oder Wildschweine durchstreifen. Zwischen Ost und West findet sich hügelige

Wald- und Buschvegetation. Die Flüsse Bermejo, Salado und Pilcomayo fließen quer durch die Provinz von den Anden in den Paraná.

Resistencia (200 000 Einwohner), die Hauptstadt des Chaco, liegt an der Mündung des Río Paraguay

Der *Impenetrable* – was so viel bedeutet wie „der Undurchdringliche" – beherbergt eine Vielzahl an Tieren.

in den Río Paraná, gegenüber der Stadt Corrientes. Die beiden Provinzkapitalen sind durch eine 2,5 Meter breite Spannbrücke verbunden: *El Puente Belgrano.*

Die Provinzen Chaco sowie Formosa gehören zu dem geografischen Großraum ‚Gran Chaco' (Großer Chaco), der weit über die Grenzen der gleichnamigen Provinz reicht: Vom Südosten Boliviens bis ins argentinische Santa Fé erstreckt er sich entlang der Flüsse Paraguay und Paraná nach Paraguay und Südwest-Brasilien. In der Abgeschiedenheit dieser Wildnis leben urzeitlich anmutende Gürteltiere, Ameisenbären und Tapire. Jaguare und Pumas streifen durch das Dickicht, in den Sümpfen lauern Kaimane, Schlangen wie die Boa oder die riesige Anakonda warten auf Beute, und in der Luft fliegen Tukane, Ibisse oder Reiher umher.

Die Provinz Formosa ist feucht-heiß und aufgrund der Hauptströme Río Bermejo und Río Pilcomayo sehr grün. An ihren Ufern blühen lilafarbene Wasserhyazinthen, ferner prägen majestätisch

anmutende Palmenhaine und eine besonders große Seerosenart, die *Victoria Regia*, die Landschaft. In dieser sumpfigen Gegend wachsen Papyrusstauden und Canauba-Palmen.

Seltene Vögel wie Jabirus, Verwandte des Silberstorches, oder Adler können einem dort begegnen. Auch die südamerikanischen Straußenarten, die Nandus, sind hier beheimatet. Die Provinz Formosa und deren gleichnamige Hauptstadt (210 000 Einwohner) gehören ebenfalls zu dem landschaftlichen Großraum Gran Chaco.

Geschichte

Chaco ist ein Quechua-Wort (*chacú*) und bedeutet so viel wie ‚Treibjagd' und ‚baumlose Ebene'. Tatsächlich lebten die Ureinwohner des Chaco überwiegend als Jäger und Sammler. Sie passten ihre Lebensweise der Natur an, indem sie Wildfrüchte und Samen sammelten und von der Jagd sowie vom Fischen lebten. Mit dem Wandel der Jahreszeiten

Indígena-Kinder vom Volk der Toba auf dem Schulweg.

oder bei Abnahme der Ressourcen zogen sie weiter, zuvor aber sprachen sie ihre Wander- und Jagdgebiete mit anderen Stämmen ab, um Reibereien zu vermeiden. Der Wald, der noch bis Anfang des 19. Jahrhunderts den gesamten Chaco bedeckte, hatte so Gelegenheit, sich zu regenerieren.

Die größte Ethnie der Ureinwohner bilden die Guaraní. Ursprünglich aus dem tropischen Nordosten eingewandert (Paraguay und Brasilien), verteilten sie sich in Misiones und im argentinischen Chaco. Gefürchtete Krieger in der Region waren auch die Mbaya, die der Guaycurú-Sprachfamilie zuzuordnen sind. Im Hinterland des lehmig-braunen Río Bermejo (einem der wenigen Ströme, die den langen Weg von den Anden im Westen durch den Chaco bis zum Paraná schaffen, ohne zu versiegen), leben traditionell Indianer aus der Mataco-Sprachfamilie.

Seit 1542 versuchten die Spanier den Chaco zu erobern. Zum Teil waren Guaraní-Indianer bereit, sich an den Eroberungszügen gegen die zur Aruak-Sprachfamilie gehörenden Chané anzuschließen, da sie diese sesshaften, von der Bodenernte lebenden Indianer zuvor bereits selbst bekämpft hatten. Im 16. Jahrhundert zogen Guaraní vom Nordosten quer durch Paraguay, auf der Suche nach dem Gold der Inkas. Dabei töteten sie viele Chané-Männer und heirateten deren Frauen.

Teils griffen die Guaraní aber auch spanische Siedlungen an und nahmen viele Gefangene, was die Spanier dazu bewog, Jesuitenmissionare zur Hilfe heranzuziehen. Auf diese Weise wurde die Mission San Fernando del Río Negro auf dem Gebiet der heutigen Chaco-Hauptstadt Resistencia gegründet.

Durch diese Maßnahme gelang tatsächlich eine friedliche Unterwerfung der Guaraní, die allerdings nur bis zur Vertreibung der Jesuiten im Jahr 1767 währte, nach der die *indios* aus den Reduktionen wieder in die ‚Freiheit‘ zurückkehrten. Chaco ist eines der wenigen Gebiete, in denen die indianischen Ureinwohner oft die spanischen Eroberer besiegten. Eine ihrer Taktiken bestand da-

Parabolantennen in Fuerte Esperanza.

rin, den Spaniern die Pferde zu stehlen und mit diesen große Kriegertruppen zu bilden, oder sie zogen sich in undurchdringliche Gegenden zurück, in denen der Feind, aus Mangel an Trinkwasser, nicht zurechtkam.

Erst gegen Ende des 19. Jahrhunderts, im Zuge der Industrialisierung, erwachte das Interesse am Chaco erneut bei den Kreolen. Sie vermuteten hier große Mengen an Bodenschätzen, etwa Gold und Erdöl (das erwies sich später allerdings als falsch).

Als wahrer Schatz der Region stellte sich der Quebracho-Baum heraus. Der im Chaco Argentiniens beheimatete *quebracho colorado* wurde sehr geschätzt, da aus seinem rotbraunen Kernholz Tannin gewonnen wurde, das vor allem zum Gerben von Leder Verwendung fand. Von den Häfen am Río Paraguay aus wurde das Tannin südwärts nach Buenos Aires transportiert und brachte den Händlern viel Geld ein. Auch für die Schwellen der frisch gebauten Eisenbahnlinien wurde das widerstandsfähige Quebracho-Holz verwendet.
Die Ausbeutung der Ressourcen des Chaco führte zu Streitigkeiten zwischen Argentinien und Paraguay um die Vormacht in dem Areal und machte es

notwendig, die nationalen Grenzen eindeutig zu bestimmen. Auch Bolivien begehrte, immer mehr von dem unbekannten Territorium zu besitzen.

Die Vermutung von reichen Ölvorkommen führte schließlich 1932 bis 1935 zum Chaco-Krieg zwischen Paraguay und Bolivien. Paraguay besiegte Bolivien und beansprucht seitdem das größte Gebiet des Gran Chaco. Die heutige argentinische Provinz Chaco existiert seit 1884 aus der Teilung des Territoriums in Chaco und Formosa.

Gesellschaft

Die urwüchsigen Provinzen Chaco und Formosa sind sehr dünn besiedelt: Auf der gesamten Fläche, die etwa halb so groß wie Deutschland ist, leben nur 1,4 Millionen Einwohner, darunter rund 50 Prozent Mestizen.

Die ersten Europäer in Chaco und Formosa waren überwiegend Spanier und Italiener, gegen Ende des 19. Jahrhunderts und in den ersten Dekaden des 20. Jahrhunderts wanderte eine Vielzahl deutschstämmiger Russen in die Provinzen ein. Als Folge des Ersten Weltkrieges kamen vor allem Deutsche sowie Osteuropäer (Polen, Tschechen, Russen).

Im Chaco leben noch einige traditionelle Gruppen indigener Völker, sodass diese Provinz zu den ‚ursprünglicheren' des Landes zählt. Im westlichen Chaco verbleiben rund 20 000 Chiriguano-Indianer (die sich mit den Chané vermischt haben und eng verwandt sind mit den Guaraní und Mbyá), etwa ebenso viele Matacos leben im zentralen Chaco; zwischen diesen beiden Gebieten wohnen weniger als 2000 Angehörige der ursprünglichen Chané. Im Osten, Richtung Misiones, siedeln noch Toba und Guaraní.

Da vielen Indianer zur Zeit der Hauptströme europäischer Besiedlung (zwischen 1870 und 1950) als Zwangsarbeiter auf Zuckerrohrplantagen und in Holzfällerlagern ihr Dasein fristen mussten – teils auch gezielten Massakern zum Opfer fielen – kam es im Laufe der Jahrhunderte immer wieder zu Aufständen der Chaco-Indianer gegen die Vorherrschaft der Kreolen. Zwischen 1916 und 1924 revoltierten die indianischen Toba in den Holzfällerlagern und wurden von der Armee blutig niedergeschlagen.

Auch Formosa ist traditionell indianisch geprägt: Etwa die Hälfte der Bevölkerung besteht aus Mestizen, darüber hinaus leben Gruppen traditioneller indigener Völker in Reservaten, von denen Matacos und Toba am zahlreichsten sind, gefolgt von den Chiriguano und den Chané im Westen. Die zur Guaycurú-Sprachfamilie gehörenden Toba stellen eine Besonderheit dar: Zum einen

Flusslandschaft bei Sauzalito.

Oben: Indígena-Familie vom Volk der Wichi bei Pompeya.
Rechts: Im Chaco begegnet man ebenfalls den Gauchos, die unter anderem als Viehhüter arbeiten.

schafften sie es bis 1880 weitestgehend unberührt von der spanischen Kolonialisierung zu leben, zum anderen übernahmen sie von den Spaniern die eingeschifften Pferde, die sie für Kampfzwecke nutzten und in ihre Kultur integrierten.

Ab 1920 beschloss die argentinische Regierung, die Toba mit militärischen Mitteln zu vertreiben: Militärs besetzten die wichtigsten Wasserstellen im Chaco und schlugen jeden Widerstand der Toba mit Waffen nieder. 1924 kam es in Napalpí zu einem blutigen Massaker, bei dem 200 rebellierende Toba zu Tode kamen.

Kultur

Die Hauptstadt Resistencia wurde erst 1878 gegründet und konnte sich insbesondere durch profitable Gewinne aus der Abholzung von Quebracho etablieren. Sie weist keine historisch bedeutsamen Bauwerke auf, hat sich allerdings jüngst als Stadt der Skulpturen hervorgetan: Namhafte argentinische Künstler haben im gesamten Zentrum hunderte von Plastiken aus Holz oder Stein (Granit, Marmor oder Basalt) aufgestellt.

Chaco und Formosa sind keine Zentren der Hochkultur, sondern speziell für Naturfreunde

attraktiv, die wilde unberührte Gegenden entdecken möchten oder Indianern auf die Spur kommen wollen. Ansonsten bestechen hier die tropische Gelassenheit sowie die offene Freundlichkeit der Menschen. Eine große touristische Attraktion ist das Schutzgebiet des Nationalparks Río Pilcomayo im Norden Formosas.

Wirtschaft

Chaco und Formosa gehören zu den ärmsten Regionen des Landes, nach Tucumán und Santiago del Estero. Agrarwirtschaft war und ist in dieser unwirtlichen Landschaft nur bedingt möglich. Landwirte der Provinz Formosa bauen Feldfrüchte wie Soja, Mais und Hirse an.

Zuckerrohr wird im Süden kultiviert, dazu im geringeren Umfang Reis und Tabak. Entlang der Ufer der Flüsse Paraguay und Paraná erstreckt sich die feuchteste Ebene des nordöstlichen Chaco, mit Palmenhainen und Galeriewäldern.

Durch gezielte Abholzung kann hier auch Vieh weiden, einige *estancias* leben von der Rinderzucht und Milchproduktion. Daneben spielt der Anbau von Soja eine zunehmend wichtige Rolle, weiter nördlich gedeihen auch Tabak und Baumwolle. Die Gegend um San José Castelli hat sich als Zentrum für Agrarindustrie hervorgetan.

Für den Tourismus sind Chaco und Formosa keine wichtigen Anziehungspunkte, was zwar den

Vorhergehende Seite, links: Ein Toba-Junge in der Nähe von Pampa del Indio schenkt dem Fotografen ein schönes Lächeln.
Vorhergehende Seite, rechts: Auf einem Karren sitzt ein junger Toba.
Unten: Stolz zeigt die Frau ihren Hausaltar in Sauzalito.

Reiz der indianisch geprägten Provinzen steigern mag, ihnen jedoch wichtige Einnahmequellen verwehrt. Das ‚rote Gold' des Chacos ist der breite Quebracho-Baum, aus dessen Holz Tannin zum Gerben von Leder gewonnen wird. Der Bestand dieser Baumart ist erheblich geschrumpft.

Leider führte die Einfuhr fremder Baumarten in die abgeholzten Waldgebiete (bis zu dreißig australische Eukalyptusarten wachsen hier) zu einer Verfremdung der Vegetation.

Politik

Chaco und Formosa gehören neben Misiones und Corrientes zur Großregion *Noreste Argentino*, dem Nordosten Argentiniens. Umweltpolitisch steht hier seit Jahren die massive (und oft illegale) Abholzung der Chaco-Wälder zur Debatte, durch die die Biodiversität der Provinz erheblich gefährdet ist: Monokulturen wie Sojaanbau oder Eukalyptusbestände für die Holzwirtschaft vernichten die Artenvielfalt und verdrängen zudem arme Kleinbauern.

Abholzung und Brandrodung berühren einen wunden Punkt der argentinischen Umweltdebatten: Vor allem für den rasch voranschreitenden Anbau von genmanipulierter Soja (die für Viehfutter und Biodiesel exportiert wird) wurden seit 1996 in Nordargentinien drei bis sechs Mal mehr Waldflächen abgeholzt als im globalen Durchschnitt. Fast 300 000 Hektar Wald verschwinden

Folgende Doppelseite: Die Holztransporteure gönnen sich eine Pause, bei dem der *mate* nicht fehlen darf, in der Nähe von Roque Saenz Peña im Gran Chaco.
Unten: In dieser Lehmhütte lebt eine Toba-Familie.

Oben: Bei der Baumwollernte im Chaco helfen alle Hände.
Rechts: Lachende Toba-Kinder auf einem Feldweg bei Pampa del Indio.
Folgende Doppelseite: Kreolische Bäuerin in ihrem Gemüsegarten in Jacarai, Provinz Corrientes.

pro Jahr, das heißt, dass alle zwei Minuten ein Hektar argentinischer Wald verloren geht.

Die lokale Politik im Chaco hat bisher wenig gegen die Abrodung unternommen. Wirtschaftsinteressen siegen zumeist über Ansätze regionaler Entwicklungspolitik. Stattdessen hat ein internationaler Zusammenschluss der Umwelt- und Außenministerien von Argentinien, Bolivien und Brasilien die Initiative ergriffen, um der Desertifikation des Gran Chaco (Verwüstung, Verlust der Artenvielfalt) entgegenzuwirken.

Im März 2007 haben alle drei Länder in Buenos Aires ein Abkommen unterzeichnet, in dem die Förderung von Umweltorganisationen, Projekten zur Umweltbildung und Aufklärung über die

bedrohten natürlichen Ressourcen der einzigartigen Großlandschaft als Ziel festgelegt wurde.

Ein weiteres Umweltproblem des argentinischen Chaco bedroht vor allem dessen Tierwelt: Iguanas, Echsen und Schlangen, Ameisenbären, Krokodile und Nandus geraten in die Schusslinien illegaler Treibjäger und landen entweder als exklusive Exportware im Ausland (Echsenleder für Cowboystiefel) oder auf dem heimischen Grillteller (beispielsweise Wasserschweine). Gegeninitiativen stammen von einigen *estancieros*, die auf ihren riesigen Ländereien Chaco-Tiere für den Export züchten (damit die Tiere in freier Wildbahn verschont bleiben) und Jungtiere gezielt aussetzen, um die Bestände wieder wachsen zu lassen.

DER NORDWESTEN

SPUREN DER INKAS, SCHÄTZE DER KOLONIALZEIT

Geografie

Der Nordwesten Argentiniens umfasst die Provinzen Salta, Tucumán, Jujuy, Catamarca und Santiago del Estero. Das Rückgrat der Region bilden im Westen die Kordilleren der Anden, die in Salta und Catamarca über 6000 Meter hoch sind. Die Hochwüste bestimmt das Landschaftsbild der trockenen Puna (3000 bis 4000 Meter hoch), mit Gräsern, Kakteen und niedrigen Strauchgewächsen. Landschaftlich gleicht die Puna dem bolivianischen Altiplano und geht im Westen in die chilenische Atacama-Wüste über.

Charakteristisch für die einsamen Hochplateaus der Anden in dieser Region sind Vulkane und

Rechts: Die Kirche San Francisco in Catamarca.
Unten: Die Stadt Humahuaca liegt nahe der Schlucht Quebrada de Humahuaca.

Oben: Trockene Landschaft in der Nähe von Tinogasta.
Vorhergehende Seite: Felsen in Catamarca.

Salzseen. Der größte dieser Art (85 Kilometer breit), der Salar de Arizaro, befindet sich in Salta. Die trockene Puna ist die Heimat der Lamas sowie der zierlichen Vikunjas, deren feine, weiche Wolle bereits bei den Inkas sehr wertvoll war. Daneben finden sich hier seltene Raubtiere wie die Bergkatze, der Puma oder der Andenschakal. An den strahlend weißen Salzseen rasten häufig Hunderte Flamingos.

Den trockenen Hochebenen der Puna vorgelagert läuft das etwas flachere Vorgebirge der Anden entlang, an dessen Osthängen vom Atlantik herbeiziehende Regenwolken ,hängen bleiben' und vor allem im Sommer abregnen. So ermöglichen sie eine üppige Vegetation, die einen auffälligen Gegensatz zu den äußerst trockenen Hochgebirgssockeln bildet. Die so entstandenen Nebelwälder finden ihre Entsprechung in den bolivianischen

Yungas. Gleich östlich der subtropischen Urwaldgebiete von Salta und Jujuy fallen die Gebirgszüge ab und laufen in den Provinzen Salta und Santiago del Estero in die flachen Ebenen des Gran Chaco aus.

Im Südosten von Tucumán und Catamarca prägt das Mittelgebirge des sogenannten *Monte* die Landschaft. In dem trockenen Buschwald der Sierras Pampeanas leben Schlangen und Pumas. Ein begehrtes Jagdwild sind die für den Monte typischen Gürteltiere sowie die hasenartigen Viscachas.

Das Klima im Nordwesten neigt unter diesen landschaftlichen Voraussetzungen zu Extremen: Die wüstenartige Puna ist trocken, es regnet sehr selten. In den Nächten fallen die Temperaturen aufgrund der Höhe (über 3500 m) um rund zehn Grad ab.

Ein kleiner Viscacha sitzt auf der Lauer.

In den feuchten Nebelwäldern an den Osthängen der Vorgebirgszüge sind Niederschläge dagegen häufiger. In den östlichen Ausläufern des Chaco, in den Provinzen Santiago del Estero und Salta, werden die höchsten sommerlichen Temperaturen von ganz Südamerika gemessen (über 47 Grad Celsius).

Die höchsten Gipfel der nordwestlichen Anden ragen in der einsamen, schroffen Provinz Catamarca empor; der Nevado Ojos del Salado (Gipfel der Salzquellen) schafft es auf 6893 Meter, während der Vulkan Monte Pissis 6795 Meter Höhe erreicht.

Die Puna durchziehen drei kulturhistorisch wichtige Schluchten: die Quebrada de Humahuaca in der Provinz Jujuy, die Valles Calchaquíes quer durch die Provinzen Tucumán, Salta und Jujuy sowie die Quebrada del Toro in der Provinz Salta.

Die felsige Quebrada de Cafayate, eine Schlucht im Süden Saltas, gilt als das wichtigste Tal von Calchaquí. Auf der Strecke nach Salta, Tucumán und Jujuy laufen diese Ebenen entlang des Río de los Sosas. Wegen des hier herrschenden subtropischen Klimas mit starken Regenfällen sind die Calchaquí-Täler üppig bewachsen.

Dichter Wald, vorkolumbische Siedlungen und seltene Vögel bewirken die Anziehungskraft dieses Tals. Nahe dem Dorf Tafí del Valle befindet sich der Parque de los Menhires, in dem alte Ruinen von der ursprünglichen präinkaischen Diaguita-Kultur zeugen.

In den subtropischen Gebirgswäldern von Salta sorgen zwei große Nationalparks für die Erhaltung der ursprünglichen Flora und Fauna: Im Parque Nacional El Rey sowie im Parque Baritú finden

In der Nähe von Jujuy wachsende Kakteen.

kleine Affen Zuflucht, Wildkatzen und Wildschweine tummeln sich und der selten gewordene Puma hat hier sein Habitat. Kleine Hirsche streifen durch den Dschungel aus Quebracho, Riesenfarnen und Palisanderbäumen.

Die Nebelwälder der Provinzen Tucumán, Salta und Jujuy werden seit einigen Jahren durch den stark zunehmenden Anbau von genetisch veränderten Sojapflanzen bedroht. Auch der Calilegua-Nationalpark nördlich von San Salvador de Jujuy schützt den Nebelwald sowie die bedrohten Tierarten Jaguar und Ozelot.

Geschichte

Das heutige Argentinien wurde von den spanischen Kolonisten zunächst über den Nordwesten erschlossen, deshalb befinden sich in dieser Region die meisten Bauten aus der Kolonialzeit. Im 16. Jahrhundert suchten die Spanier nach Wegen, um Gold und Silber aus dem Vize-

königreich Peru zum Hafen von Buenos Aires zu bringen. Sie hatten kaum Schwierigkeiten, an das Edelmetall heranzukommen, da die Inkas edle und kunstvoll gewebte Textilien höher schätzen als reines Gold.

Der erste Europäer, der das Gebiet des heutigen Tucumán betrat, war der spanische Eroberer und Geschäftsmann Diego de Almagro. Er hatte bereits 1532 unter der Führung von Francisco Pizarro das Inkareich im heutigen Peru erobert, wollte jedoch weitere Gebiete im Süden besetzen, um dort selbst als Gouverneur zu herrschen.

Im Jahr 1535 durchreiste Almagro mit einem Trupp von rund 100 Soldaten zunächst den Norden Chiles, anschließend das Tal von Humahuaca und erreichte 1536 die Calchaquíes-Täler. Enttäuscht von den kargen Landstrichen der Anden zog er erneut in die reiche Inkastadt Cuzco und geriet mit Pizarro in Streit, da beide Feldherren die Stadt für sich beanspruchten. 1538 ließ ihn Pizarro in Cuzco gefangen nehmen und hinrichten.

Im Jahre 1553 gründete der spanische Feldherr Francisco de Aguirre auf dem alten Inkapfad vom heutigen Peru nach Argentinien die erste Stadt, die er Santiago del Estero nannte.

Kurz darauf folgten die Städte Tucumán (1565) und Salta (1582), die auf der Silberroute von Potosí zum Río de la Plata noch günstiger gelegen waren (allerdings musste die Stadt Tucumán wegen zu häufiger Angriffe einheimischer Indianer 1585 noch einmal um 65 Kilometer verlagert werden).

Santiago del Estero versank 1637 in den Fluten des Río Dulce und wurde durch ein Erdbeben 1817 erneut zerstört, sodass heute nur wenige frühe Kolonialbauten erhalten sind.

Salta hingegen gilt als Perle der kolonialen Architektur. Der Gouverneur von Tucumán, Hernando de Lerma, gründete 1582 *La Ciudad de Lerma en el Valle de Salta* am Cerro San Bernardo ursprünglich nur als Versorgungsstation auf dem Weg von Tucumán nach Peru.

Ende des 15. Jahrhunderts reichte die südliche Ausdehnung des Inka-Reiches bis in die Gegend um Salta und San Miguel de Tucumán. Im gesamten Nordwesten sind noch Spuren der Inkas auffindbar und Überreste der indianischen Kulturen lebendig, die vor den Inkas das Gebiet besiedelten: In der Puna von Salta und Jujuy lebten die Omahuacas und Kollas, die im 15. Jahrhundert bereits die Kultur und Sprache (Quechua, Aymará) der Inkas übernommen hatten; in Catamarca und im westlichen Tucumán leisteten die einheimischen Diaguita-Indianer lange Zeit den Inkas erfolgreich Widerstand. Alle diese Stämme waren sesshaft, betrieben Landwirtschaft und verfügten wie die Inkas über hohe technische und künstlerische Fähigkeiten.

Rebstöcke gedeihen in den fruchtbaren Tälern von Calchaquí in Catamarca.

Im Zuge der argentinischen Befreiungskriege, nachdem sich 1810 die Bürger von Buenos Aires gegen den spanischen Vizekönig aufgelehnt hatten, kam der argentinische Regierungsabgeordnete General Manuel Belgrano 1812 nach Nordargentinien, wo er als Befehlshaber der argentinischen Armee im Kampf gegen spanische Truppen eingesetzt wurde.

In Tucumán griff er mit seiner Armee die Soldaten der spanischen Krone an und besiegte sie in der ‚Schlacht von Tucumán'. So erlangte Tucumán als erste Siedlung den Status der Provinzhauptstadt und wurde Sitz des Unabhängigkeitskongresses. Noch heute erinnert das im Kolonialstil erbaute ‚Unabhängigkeitshaus' (Casa de la Independencia) daran.

Am 9. Juli 1816 löste sich Argentinien endgültig von der spanischen Krone und verkündete in Tucumán die Vereinigten Provinzen des Río de la Plata. Nach diesem historischen Tag ist die zentrale Plaza 9 de Julio benannt, um die sich auch die wesentlichen Sehenswürdigkeiten der Stadt gruppieren. Im Jahr 1819 gründete der tucumanische Gouverneur Bernabé Aráoz – der sich bereits in der Schlacht von Tucumán unter Belgrano verdient gemacht hatte – die ‘Republik Tucumán'.

Als eigener, von der Zentralregierung in Buenos Aires unabhängiger Staat, sollte die *República Tucumana* auch die Provinzen Santiago del Estero und Catamarca mit einschließen. Deren Gouverneure erkannten Aráoz aber nicht als ihr Oberhaupt an, sodass 1820 Santiago del Estero und Catamarca zu eigenständigen Provinzen wurden.

Rechts: Christusfigur am Kreuz in der Provinz Salta.
Folgende Seite, links: Friedhof in den Anden.
Unten: Die Kathedrale der Stadt Tucumán.

Kultur

In der Quebrada de Humahuaca, auf dem alten Handelspfad der Inkas im heutigen Jujuy, hat die Natur ein besonderes Schauspiel inszeniert: Die Bergketten sind mit bunten Erzen durchsetzt und leuchten in den Farben Rot, Gelb, Grün und Blau. Berühmt ist der *Cerro de los Siete Colores* (der Berg mit den sieben Farben), in dessen Nähe man das reizende alte Dorf Pumamarca erreicht.

Pumamarca gilt zusammen mit dem nahe gelegenen Ort Tilcara als schönste Sehenswürdigkeit des Nordwestens. Bei Tilcara steht auf einem Hügel das wieder aufgebaute Wehrdorf Pucará, das einst die Omahuacas als Festung nutzten. Daran angeschlossen ist heute ein archäologisches Museum.

Am Ende der Schlucht führt der Weg in die 1594 erbaute Kolonialstadt Humahuaca. Sie gab der im Flussbett des Río Grande gelegenen Schlucht ihren Namen und liegt auf fast 3000 Metern Höhe. Die Quebrada de Humahuaca war noch lange nach der Eroberung der Spanier die einzige Verbindung zwischen dem kolonialen Oberperu und dem Vizekönigreich La Plata nach Buenos Aires. 2003 wurde dieser Part des alten Inka-Pfades von der UNESCO zum Welterbe erklärt.

In den Tälern von Catamarca kann die 1200 bis 1800 Meter hoch gelegene Ebene zwischen Tinogasta und dem Bauerndorf Santa María als archäolgische Route bezeichnet werden, da der Boden in dem extrem trockenen und heißen Klima zahlreiche Tongefäße, Webstücke und Mumien

Vorhergehende Seite, rechts: Blick auf das Fenster eines alten Kolonialhauses.
Unten: Auf dem Weg zum Paso San Francisco.

von Ureinwohnern jahrtausendelang konservieren konnte. Tongefäße aus der vorkolumbischen Epoche werden in Belén (12 000 Einwohner) aufbewahrt, im Museo Arqueológico Cóndor Huasi (benannt nach einer Parallelkultur der Diaguita).

Berühmt sind die Poncho-Weber von Belén, deren Kunst tausend Jahre alte Motive der Ureinwohner aufnimmt. Im Tal des Río Belén lag das Kerngebiet der Diaguita, deren Blütezeit von 1000 bis 1480 n. Chr. reichte. Sie stammten ursprünglich aus der Atacama-Wüste im heutigen Nordchile, beackerten Felder mit Mais und Bohnen und stellten mit großem Geschick Gefäße aus Keramik sowie Schmuck und Waffen aus Gold und Silber her. Später wurde ihre Kultur durch die siegreichen Inkas überlagert.

Eine weitere gern besuchte Schlucht in den nordwestlichen Anden ist die Quebrada del Toro in Salta. Ihre Anziehungskraft verdankt sie nicht allein der faszinierenden Landschaft mit Kakteen und Bromelien, sondern dem ‚Zug in die Wolken', der vom Hauptbahnhof in Salta bis zu 4000 Meter hinauf in die Hochebene der Anden fährt. Die restaurierten Waggons von 1920 erreichen ihr Ziel San Antonio de los Cobres, nahe an der chilenischen Grenze, teils über spektakuläre Stahlbrücken.

Parallel zu den Anden ziehen sich vor den Osthängen der Provinzen Tucumán, Salta und Catamarca die Valles de Calchaquí entlang. Das Herz der fruchtbaren Täler von Calchaquí ist der Ort Cafayate, wo auf 1500 bis 2400 Meter die am höchs-

Das schöne Schauspiel des Cerro de Siete Colores.

Oben: *Zwei Lamas am Wegesrand.*
Vorhergehende Seite: *Die Reise von der chilenischen Stadt Calama nach Salta führt durch die Wüste.*

ten gelegenen Rebstöcke Argentiniens wachsen. Durch die Nebenflüsse des Río Bermejo und Río Salado gedeihen die Trauben auf dem sandigen Boden von Cafayate sehr gut. Etwa 50 Kilometer südlich des berühmten Weinbaugebietes erinnern die Ruinen von Quilmes an den erbitterten Kampf zwischen spanischen Eroberern und den Ureinwohnern der Gegend. Hier stehen noch die Überreste einer Festung des Quilmes-Stammes, der erst nach 35 Jahren Krieg gegen die Spanier (1665) besiegt wurde. Die Überlebenden starben überwiegend an Hunger und Erschöpfung, nachdem sie der Gouverneur von Tucumán zwang, zu Fuß in ein Reservat der Provinz Buenos Aires umzusiedeln.

Nördlich fügt sich das ländlich-koloniale Dorf Cachi inmitten von einsamen Felsformationen in das Tal des Calchaquí-Flusses. Von Cachi aus in Richtung Salta ist es nicht weit zum Nationalpark *Los Cardones*, benannt nach den gleichnamigen bis zu drei Meter hohen Riesen-Kakteen (Echinopsis Atacamensis), die bis zu 300 Jahre alt werden können.

Zwischen der Bergkette Calchaquí und dem mit Schnee bedeckten 5500 Meter hohen Nevado del Aconquija im Süden führt das subtropische Tal Tafí del Valle in die Provinz Tucumán. Hier lebten einst die Tafí- und Calchaquí-Indianer, an deren Kultur noch alte Steinmonumente im Parque de los Menhires erinnern.

Sierra in der Provinz Tucumán.

Die besuchenswerte Stadt Salta beherbergt insbesondere Sehenswürdigkeiten aus der frühen Epoche der Conquista. *Salta la Linda*, am Fuß des Cerro Bernardo, trägt ihren Beinamen ‚die Hübsche' zu Recht. In der ansehnlichen Provinzhauptstadt steht noch eine Vielzahl gut erhaltener Gebäude aus der frühen Kolonialzeit. So etwa das Cabildo (Rathaus von 1582) an der Plaza 9 de Julio mit den typischen kolonialen Rundbögen.

Die Ursprünge der prachtvollen Basílica de San Francisco führen auf das Gründungsjahr der Stadt, 1582, zurück. Nach einem Brand wurde die Kathedrale Mitte des 18. Jahrhunderts mit einem fünfstöckigen Glockenturm – dem höchsten Südamerikas – rekonstruiert.

Ein eindruckvolles Beispiel der Kolonialarchitektur liefert das Kloster San Bernardo: Das prunkvolle, aus Zedernholz und Mahagoni geschnitzte Eingangstor dieser ehemaligen Eremitenklause aus dem 17. Jahrhundert wurde von einheimischen Indianern verziert.

In der auf 1259 Metern Höhe gelegenen Provinzhauptstadt Salvador de Jujuy ist die indianische Vergangenheit des argentinischen Nordwestens am lebendigsten. Erdbeben und Krieg haben viel von der ursprünglichen kolonialen Pracht zerstört, doch die vielen Mestizen, Kunsthandwerksmärkte und Adobe-Häuser lassen den indianischen Ursprung dieser so nah an Bolivien gelegenen Provinz nicht vergessen.

Oben: Der Altiplano, Weg zum Ojos de Salado/Catamarca; hier die Valles de Chaschuil.
Rechts: Die Kirche mit dem fünfstöckigen Glockenturm und das daneben liegende Kloster von San Francisco zieren die Stadt Salta.
Vorhergehende Seite: Blick auf den argentinischen Altiplano oberhalb von Salta.

Im Zentrum steht noch die Kathedrale aus dem frühen 18. Jahrhundert, deren Altar mit barocken Goldschnitzereien von Indianern einer Jesuitenmission verziert wurde. Aus derselben Epoche stammt auch die mit Adobeziegeln erbaute Kirche Capilla de Santa Barbara.

Die meisten historischen Bauten in der Provinzkapitale San Miguel de Tucumán stammen aus dem 19. Jahrhundert und sind von neogotischen oder neobarocken Stilelementen geprägt. So etwa die Kathedrale von 1852 und die Iglesia San Francisco von 1885. Auch der Regierungspalast stammt aus der Belle Epoque. Ebenso neokolonial präsentiert sich die Hauptstadt Santiago del Estero; in der gleichnamigen Provinz werden die

höchsten Temperaturen der gesamten Region gemessen.

Sehenswürdigkeiten locken hier wenige, doch ein Besuch lohnt sich allein wegen der argentinischen Folklore des Nordwestens: In nächtelangen *peñas* geben typische Rhythmen wie *chacarera* oder *zamba* zumeist mit Gitarre, *bombo* (Trommel), Violine, Akkordeon und Gesang den Ton an und werden von dazugehörigen Tänzen begleitet. Auf den jährlichen Festivals im Januar und Februar kann man eine Vielzahl von Folkloregruppen erleben, welche die Tradition teils getreu weiterführen oder mit zeitgenössischen Elementen verbinden.

Ausgangspunkt für Besteigungen des höchsten Vulkans der Erde, des Ojos del Salado, ist eine kleine Hütte unterhalb des Paso San Francisco.

Gesellschaft

Die gesamte Region Nordwesten ist von indianischen Vorfahren geprägt. Über die Hälfte der Bevölkerung besteht aus Mestizen, ein Teil der Dorfbewohner kann auf einen überwiegend indianischen Stammbaum zurückblicken (Diaguitas, Calchaquíes, Quilmes, Kollas und Omahuacas).

Einige der letzten Ureinwohner leben von der harten Arbeit in den Kupfer- und Silberminen im äußersten Norden des Landes, andere überleben mit Hilfe ihres Kunsthandwerks. Auf den Märkten von Jujuy und Salta bieten sie die schönsten Teppiche, Ponchos und Pullover Argentiniens feil sowie traditionelle Töpferarbeiten.

Die Argentinier des Nordwestens haben eine durchaus eigene Mentalität, die sicherlich vom subtropischen Lebensrhythmus beeinflusst ist; so fordert die Hitze eine besonders lange Siesta (13 bis 17 Uhr). Die Salteños gelten als besonders gastfreundlich und höflich.

Politik

Am 9. April 1999 kamen in Salta die Gouverneure der Provinzen des argentinischen Nordens zusammen, um einen Vertrag zur Integration des Nordwestens und Nordostens von Argentinien, den *Tratado Interprovincial de Integración de la Región Norte Grande*, zu unterzeichnen. Wichtigstes Ziel der Vereinigung Norte Grande ist wirtschaftliche Kooperation, die mit dem Projekt Corredor Bioceánico Norte konkrete Gestalt annehmen soll.

Der Zwei-Ozeane-Korridor strebt eine Querverbindung zwischen dem nördlichen Chile und Brasilien an, die durch die gesamte Region Norte Grande führen soll – eine ganzjährig befahrbare Ost-West-Verbindung durch Südamerika. Die Provinzen erhoffen sich damit bessere Perspektiven für den Handel mit Bolivien, Brasilien und Chile; bisher fehlen jedoch Gelder, um das Projekt zu finanzieren.

Im eher konservativ ausgerichteten Nordwesten, in dem noch immer eine Zwei-Klassengesellschaft zwischen Indianern und ‚Weißen' fortbesteht, hat sich die Arbeiter- und Universitätsstadt Tucumán als Ausnahme hervorgetan: Während der Militärdiktatur 1976 bis 1983 hat sie ihren Ruf als

Bastion des Widerstandes erlangt, da hier das Zentrum der linken Tupamaros-Bewegung lag.

Wirtschaft

Die Berge des Nordwestens sind mit reichlichen Bodenschätzen bestückt: Gold, Silber, Eisen, Mangan, Blei, Kupfer, Zink und viele andere kamen bei Bohrungen zutage. In Jujuy und Cata-

marca ist der Bergbau traditionell der wichtigste Wirtschaftszweig. Als Folge der Militärdiktatur lag der Erzabbau in den Minen Jujuys und Catamarcas bis etwa 1995 brach, was zu einer hohen Arbeitslosigkeit und Verarmung der Regionen führte.

Seit Mitte der 90er-Jahre ist die erneute Förderung des Bergbaus per Gesetz festgelegt worden, da die Ressourcen (vor allem Kupfer und Gold

Die süßen *alfajores*, gefüllt mit *dulce de leche* sind eine beliebte Süßigkeit in ganz Argentinien, auch in Tucumán.

sowie Lithium, Granit und Marmor) bei Weitem noch nicht ausgeschöpft wurden – allein 1,8 Prozent des Bruttoinlandsproduktes basierten 2007 auf Erzeugnissen des Bergbaus. So soll in Zukunft vor allem in Gold- und Kupferminen mit verschiedenen Förderprogrammen investiert werden.

Die privatwirtschaftlich geführte Mine *Bajo de la Alumbrera* in Catamarca liefert beispielsweise große Mengen Kupfer und Gold, die Mine *Salar del Hombre Muerto* in Salta beförert Lithium.

Die Extraktion von Mineralien und Edelmetallen wird von Umweltschützern allerdings kritisiert: Das Gleichgewicht des landschaftlichen Ökosys-

tems gerate in Gefahr, Grundwasser werden verschmutzt und archäologische Funde zerstört.

Neben dem Bergbau ist die Petroleumförderung ein wichtiger Wirtschaftszweig im Nordosten der Provinzen Salta und Jujuy. Wirtschaftliche Zukunftsperspektiven bieten der zunehmende Tourismus in der Region sowie die Tatsache, dass die Puna neuerdings zur Sonderwirtschaftszone erklärt wurde und dort folglich verstärkt Industrien ansiedeln. Traditionell ist der Nordwesten auch ein Anbaugebiet für Kulturpflanzen.

Die Provinzen Salta, Tucumán und Jujuy sind Hauptproduzenten für Tabak, Zucker und Bohnen. Jujuy ist mit einem Anteil von 15 Prozent so-

Nächtliches Rendezvouz zwischen Mond und Kaktus.

gar zweitgrößter Bohnenproduzent des Landes. Der Soja-Anbau wächst zunehmend, trotz weltweiter Kritik an den Monokulturen dieses Exportschlagers. Darüber hinaus verkauft sich der Wein aus den Oasen der Valles Calchaquíes – am Osthang der Anden von Salta, Tucumán und Catamarca – mit großem Erfolg. Besonders gut gedeihen die Reben an den sonnigen, trockenen Hängen rund um das 1600 Meter hoch gelegene Cafayate in Salta. Das kleine Tucumán trägt wiederum den Beinamen ‚Garten der Republik', da es sich seit Generationen als Produzent von Zitronen und Zucker hervorgetan hat.

Mit Ausnahme vom vergleichsweise wohlhabenden Salta gehören sämtliche Provinzen des Nord-

westens zu den ärmsten von Argentinien. Hier werden die niedrigsten Mindestlöhne des ganzen Landes gezahlt. Besonders hohe Arbeitslosigkeit trifft die Einwohner von Tucumán.

Die kleine, dicht bevölkerte Provinz (1,4 Millionen Einwohner) ist die derzeit ärmste der Republik. Ein große Rolle bei dieser negativen Entwicklung stellte der Rückgang der Weltmarktpreise für Zucker dar, der bereits ab den 50er-Jahren einsetzte; die Wirtschaftskrise von 2001/2002 traf die Tucumanos erneut besonders bitter. Obwohl in den letzten Jahren die Landwirtschaft wieder mehr Gewinne einnimmt, leiden viele Kinder in Tucumán an Unterernährung.

DIE REGION CUYO

Geografie

Die Provinzen Mendoza, San Juan, San Luis und La Rioja umfassen den zentralen Westen des Landes und gehören zur Region des Cuyo (insgesamt 315 226 km²). In der Sprache der Huarpe, den Ureinwohnern dieser Gegend, bedeutet ‚Cuyo' Wüstenland, was die geografischen Eigenheiten des zentralen Westens von Argentinien treffend beschreibt: sandiger, trockener Boden und Hitze.

Das sehr trockene, kontinentale Klima im Cuyo sorgt für hohe sommerliche Temperaturen mit wenigen Niederschlägen. Charakteristisch für diese Halbwüste sind starke Temperaturschwankungen zwischen Tag und Nacht.

Im Westen des Cuyo erhebt sich die mächtige Andenkette zu ihren höchsten Gipfeln. Der Aconcagua (6962 m) ist der höchste Berg Amerikas, dicht gefolgt vom Tupungato (6800 m) sowie vom Mercedario (6770 m). In diesen Höhen breiten noch einige – leider von der Ausrottung bedrohte – schwarze Andenkondore ihre drei Meter langen Schwingen zum Flug aus.

Rechts: Farbenpracht bei Puente del Inca.
Unten: Trockenrisse in der Erde des Cuyo.

Oben: Auf dem Weg zum Aconcagua, dem höchsten Berg Amerikas.
Vorhergehende Doppelseite: Oberhalb der Laguna de los Horcones liegen stille Bergseen.

Die Winter in den Bergregionen können recht kühl und teils von Schneefall begleitet werden. Den Bewohnern des Cuyo macht zuweilen der Föhnwind *Zonda* zu schaffen. Ursprünglich vom Pazifik herwehend, heizt er sich in der Wüste auf, reichert sich mit Sand und Staub an und fegt dann über die Osthänge der Anden mit einer Geschwindigkeit von bisweilen 40 Kilometern pro Stunde in die Städte.

Den Cuyo durchzieht im Osten die trockene Steppenlandschaft des Monte, die nur von Sandwüste unterbrochen wird. In das östliche San Juan, La Rioja und San Luis reichen die Ausläufer der Sierras Pampeanas, die Vorgebirgszüge der Anden.

Schmelzwasserflüsse aus den Anden bilden einzelne Oasen in den sandigen Tälern östlich der Kordilleren. Bereits die von Landwirtschaft und Viehzucht lebenden Ureinwohner der Gegend verstanden es, das Wasser der Hauptströme im Cuyo (hierzu zählen die Flüsse Río Mendoza, Río Salado, Jáchal und Río San Juan) geschickt in die Halbwüste und Steppen dieser Gegend zu leiten. Die heutigen Oasenstädte verdanken ihre Existenz diesem vorkolumbischen System der weit verzweigten Umleitung von Schmelzwasser.

In den bewässerten Ebenen liegen die größten Städte der Region: Mendoza (950 000 Einwohner) ist eine künstlich bewässerte Oase und auch die Wüstenstadt La Rioja verdankt alles Leben den Bewässerungskanälen.

Die Provinzmetropole San Juan (450 000 Einwohner) liegt unmittelbar am gleichnamigen Strom und San Luis (153 322 Einwohner) hat ebenfalls einen direkten Zugang zum Fluss Chorrillos.

Der „Torre" im Cañadón de la Talampaya.

Geschichte

Die größte Stadt des Cuyo, Mendoza, wurde 1561 von dem Spanier Pedro del Castillo gegründet, verlor jedoch eine Vielzahl früher, kolonialer Bauten bei einem starken Erdbeben im Jahr 1861. Mendoza wurde seitdem immer wieder von seismischen Erschütterungen heimgesucht und hat zum Schutz seiner Einwohner weitläufige Anlagen mit vielen Grünflächen und unzähligen Plazas geschaffen. Auch die Provinzhauptstadt San Juan wurde im Jahr 1944 von einem Erdbeben verwüstet, das weitestgehend alle historischen Gebäude zerstörte.

Ursprünglich gehörten die Provinzen Mendoza, San Juan und San Luis zum Vizekönigreich Peru, wurden 1776 jedoch an das frisch gegründete Vizekönigreich am Río de la Plata annektiert. Ab 1814 amtierte auch der argentinische Befreier General San Martín als Gouverneur der Region Cuyo und traf 1817 in der heutigen argentinischen Weinmetropole Mendoza den gleichgesinnten Freiheitskämpfer Bernardo O'Higgins aus Chile, mit dem er gemeinsam gegen die spanische Krone kämpfen sollte. Ein riesiger Park (400 Hektar) ist dem nationalen Heros José de San Martín in Mendoza gewidmet. Inmitten dieser ‚grünen Lunge' befindet sich das berühmte Fußballstadion *Malvinas Argentinas*, das für die Fußballweltmeisterschaft 1978 erbaut wurde.

Kultur

Die Inkas drangen im 15. Jahrhundert von ihrem kulturellen Zentrum in Peru bis zur heutigen Stadt Mendoza vor. Durch ihr ausgeklügeltes Bewässerungssystem (künstliche Kanäle leiten Schmelzwasser aus den Anden in die Täler) sowie

Oben: Mit reichlich Gepäck und Tragegehilfen geht es auf den höchsten Berg Südamerikas.
Rechts: Büßerschnee auf dem Aconcagua.
Folgende Seite, links: Zeugnisse prähistorischer Besiedlung im Nationalpark Talampaya.

Zivilisation' das argentinische intellektuelle Leben im 19. Jahrhundert stark beeinflusste.

Das Museo de Bellas Artes Franklin Rawson beherbergt eine ansehnliche Sammlung moderner argentinischer Kunstwerke. Auch die Weinmetropole Mendoza hat sich auf zeitgenössische Kunst spezialisiert (die Fundstücke aus der Kolonialepoche sind hier eher rar) und stellt Werke regionaler Künstler im Museo Municipal de Arte Moderno aus.

Natürlich darf in diesem Zentrum des Weines ein entsprechendes Museum nicht fehlen: Das Museo del Vino, gleich hinter dem Regierungsgebäude,

lockt mit Weinverkostungen und ist stets gut besucht. In der Umgebung laden viele Weinkellereien zu Rundgängen ein, etwa auf der Strecke nach Coquimbito und Luján.

Mendoza liegt auf 700 Metern Höhe am Fuße des mächtigen Aconcagua. Ein Pass über den pittoresken Ort Uspallata führt in den Nationalpark Aconcagua, wo Trekkingtouren rund um den Vulkan starten. Versierte Bergsteiger trauen sich sogar auf die beinah 7000 Meter hohen Gipfel hinauf. Die Stadt San Rafael (180 000 Einwohner), südlich von Mendoza, gilt als kleine Schwester der Provinzhauptstadt, da auch sie ein recht modernes Stadtbild mit vielen Parks aufweist.

El Cuyo

In der Stadt La Rioja steht das älteste erhaltene Gebäude aus der Kolonialzeit: Das Convento de Santo Domingo wurde 1623 von Diaguita-Ureinwohnern nach den Anweisungen missionierender Dominikanermönche erbaut.

Beeindruckende Exponate zu den Kulturen vor der spanischen Eroberung der Region zeigt das benachbarte Museo Inca Huasi. Als sehenswertes Kleinod aus der Kolonialepoche gilt der malerische, am Fuße der Sierra gelegene Ferienort Merlo (1797 gegründet) in der Provinz San Luis.

Gesellschaft

Die vorwiegend ab dem 19. Jahrhundert den Cuyo besiedelnden Europäer waren, dem argentinischen Durchschnitt entsprechend, mehrheitlich Spanier und Italiener, überdies lockte es viele Franzosen in die Andenregion. Italienische und französische Immigranten begannen mit dem Weinanbau in den bewässerten Tälern und brachten ebenfalls ein ausgeprägtes *savoir vivre* in die Region, einen gelassenen Lebensstil, viele Cafés sowie die Vorliebe für einen guten Tropfen Wein zum Essen.

Die ersten Rebstöcke bauten zwar bereits die Jesuiten im 16. Jahrhundert an (vor allem für Messwein), doch Weinkultur im großen Stil wurde erst durch den Erfahrungsschatz der italienischen und französischen Bauern ermöglicht. El Cuyo pflegt einen direkten Bezug zu seinem Nachbarland Chile: Heute leben viele Chilenen in der Region und es herrscht ein reger Austausch zwischen den Ländern; in Mendoza verkehren regelmäßig Busse und Flugzeuge nach oder aus Chile.

Vorhergehende Seite, rechts: Kleine Kapelle in der Nähe der Inkabrücke.
Unten: Typische Cuyo-Landschaft mit Weinfeldern und den Anden im Hintergrund.

Eine starke Einwanderungsgruppe im Cuyo bilden darüber hinaus Immigranten aus arabischen Ländern, vor allem aus Syrien und aus dem Libanon.

Die indianischen Ureinwohner (Huarpe) haben sich heute fast vollständig mit den europäischen Einwanderern vermischt, was zu einer größeren Gruppe von Mestizen geführt hat. Nur noch etwa 14 000 Huarpe-Indianer wurden bei der letzten Volkszählung 2001 in den Provinzen San Luis, Mendoza und San Juan angegeben.

Die meisten Bewohner des Cuyo konzentrieren sich rund um die Provinzmetropole und Universitätsstadt Mendoza. Neben der viertgrößten Stadt Argentiniens sind die wichtigsten Zentren des Cuyo jeweils die relativ kleinen Provinz-hauptstädte San Juan (113 000 Einwohner), San Luis (130 000 Einwohner) sowie die Wüstenoase La Rioja (120 000 Einwohner). Der Westen der Provinzen San Juan und La Rioja sowie der Süden der Provinz San Luis sind sehr einsame Gegenden und ausgesprochen dünn besiedelt.

Politik

Die *Región del Nuevo Cuyo* mit den Provinzen Mendoza, San Juan, La Rioja und San Luis besteht seit 1988. In puncto wirtschaftlicher sowie infrastruktureller Zusammenarbeit haben die einzelnen Provinzen wenige konkrete Projekte verwirklicht, die Orientierung geht – vorwiegend in Mendoza – mehr in Richtung Chile.

Folgende Doppelseite: Bis zu 300 m hohe senkrechte Felswände umschließen den Cañadón de la Talampaya.
Unten: Am Straßenrand von San Juan zieht ein Arbeiter mit seinem Esel vorbei.

Oben: In der Laguna de los Horcones spiegelt sich der Aconcagua.
Rechts: Unter der Südwand des Aconcagua.

Eine Besonderheit des politischen Lebens im Cuyo ist der Einfluss arabischstämmiger Familien auf die Provinzregierungen. Berühmter Nachkomme einer syrischen Familie aus der Provinz La Rioja ist Ex-Präsident Carlos Menem, der Argentinien im Zeitraum von 1989 bis 1999 regierte und bereits 1973 sowie 1983 zum Gouverneur seiner Heimatprovinz gewählt wurde.

In San Luis hält seit Jahren die arabisch-christliche Familie Rodríguez-Sáa die politischen Fäden fest in der Hand. Der Peronist Adolfo Rodríguez-

Sáa kann auf die längste Regierungsperiode eines Gouverneurs überhaupt zurückblicken: Von 1983 bis 2001 war er Oberhaupt von San Luis und für lediglich sieben Tage im Krisenjahr 2001 hatte er das Präsidialamt Argentiniens inne.

Da auch sein Großvater, sein Großonkel sowie Rodríguez-Sáas Bruder Alberto als Gouverneure tätig waren, besteht ein starker Verdacht auf Korruption und Vetternwirtschaft – zumindest die Opposition ist fest davon überzeugt.

In einem ausgetrockneten Flussbett bei Mendoza.

Wirtschaft

Mendoza ist das Herz des Cuyo und kann sich glücklich schätzen, durch Wein, Landwirtschaft und dank eines ganzjährigen Tourismus recht wohlhabend zu sein. Im Sommer locken zahlreiche Bodegas, Weinfeste sowie Naturparks viele Besucher an, im Winter zieht es Wintersportbegeisterte in das Skizentrum Las Leñas in die Anden.

Die wüstenartigen Hänge des Cuyo werden durch das Wasser aus den Hochanden fruchtbar, sodass sich diese zentral gelegene Gegend zum Hauptanbaugebiet für Obst (Kirschen, Pflaumen, Aprikosen, Quitten und viele weitere Sorten) sowie für Wein entwickelt hat. Am besten gedeihen im warmen, trockenen Klima von Mendoza und San Juan italienische und französische Traubensorten. Die *bodegas* (Weinkellereien) des Cuyo genießen im ganzen Land einen guten Ruf; international steht der argentinische Weinexport, je nach Jahrgang, an fünfter oder sechster Stelle hinter Frankreich, Italien, Spanien und Kalifornien. Die qualitativ besten Sorten sind Rotweine von den Trauben Malbec, Cabernet Sauvignon,

Oben: In der Stadt Mendoza laden zahlreiche Weinkellereien zu einem Besuch.
Folgende Doppelseite: Beeindruckender Blick auf die Westwand des Aconcagua.

Bonarda und Pinot Noir, aber auch die Weißweine der Sorten Chardonnay und Sémillon verkaufen sich gut. Das wichtigste Weinbaugebiet liegt in der Provinz Mendoza, mit über 900 Weingütern. Die Provinzen San Juan und La Rioja ergänzen den Obstkorb durch Walnüsse, Datteln und Oliven.

Die Bergketten im Cuyo sind reich an Bodenschätzen: Erdöl, Uran, Kupfer und Blei sind die wichtigsten Vorkommen. Vor allem der Süden von Mendoza hat sich zu einem Ölförderungsge-

biet entwickelt. In den 50er-Jahren des 20. Jahrhunderts wuchs die Erdölindustrie und bescherte Mendoza, gemeinsam mit weltweiten Weinexporten, großen Wohlstand. Die flachere, fruchtbare Landschaft im Süden von San Luis sowie im Osten von La Rioja eignet sich auch für Viehzucht. Die Provinz San Luis setzte bisher hauptsächlich auf den Wirtschaftsfaktor Agraranbau und Viehzucht. Seit einer Steuervergünstigung 1982 siedelt sich hier auch zunehmend Industrie an (Textil, Keramik, Papier).

El Cuyo

ZENTRALARGENTINIEN — CORDOBA UND SANTA FE

Geografie

Zentralargentinien erstreckt sich über die nach Buenos Aires am dichtesten besiedelte Provinz Córdoba mit den Sierras de Córdoba und im Osten über die rund 133 000 km² große Provinz Santa Fé. Die Region liegt an der Schnittstelle zwischen der Pampa-Ebene im Süden und der Gran Chaco-Savanne im Norden.

Durch Santa Fé fließt von Brasilien aus der Strom des Río Paraná, Argentiniens breitester Fluss. An dieser Hauptverkehrsschlagader für den Handel des Landes liegt auch die Provinzhauptstadt Santa Fé (370 000 Einwohner). Die fruchtbare und feuchte Pampa im Süden der Provinz Santa Fé ist vor allem ein Land- und Viehwirtschaftsgebiet. Der Norden gehört zur subtropischen, sehr flachen Chaco-Ebene und ist nur dünn besiedelt.

Das Klima von Santa Fé ist gemäßigt bis subtropisch, mit warmen Sommern und milden Wintern. Die jährliche Niederschlagsmenge liegt zwischen 800 Millimetern im Südwesten und 1200 Millimeter im Nordosten, dabei ist der Sommer deutlich feuchter als der Winter.

Links: Rundbögen schmücken das Jesuitenkloster Santa Catalina in Córdoba.
Unten: Embalse del Rio Tercera.

Die Provinz Córdoba (168 766 km²) ist das Herzstück Argentiniens – sie liegt in der Mitte zwischen Buenos Aires und den Anden in einer gemäßigten Klimazone, mit warmen bis heißen, feuchten Sommern (22 bis 26 Grad) und milden, trockenen Wintern (10 bis 13 Grad).

Die Ebenen westlich der Sierras sind durch die vorherrschenden Ostwinde etwas trockener als der Osten. Auf den Hochebenen der Sierras herrscht ein raues Klima mit kühlen Sommern (15 Grad) und kalten Wintern (5 Grad) mit gelegentlich schwachen Schneefällen.

In dem östlichen ‚Sierras Chicas' genannten Gebiet befindet sich inmitten einer mediterran geprägten Landschaft auch die Provinzhauptstadt Córdoba; mit 1,4 Millionen Einwohnern ist sie nach Buenos Aires die größte Stadt Argentiniens.

Die Sierras de Córdoba sind bei den Argentiniern das beliebteste Ferienziel nach der Atlantikküste, es werden mehr als 2,5 Millionen Besucher pro Saison gezählt. Die Schönheit der Landschaft besticht, gepaart mit vielfältigen Bade- und Wandermöglichkeiten.

Das Zentrum der Sierras bildet das idyllische Punilla-Tal, mit Stauseen und Flüssen. Das Calamuchita-Tal im Süden mutet mit seinen Tannenwäldern schon recht alpin an. Die Sierra de los Comechingones – benannt nach den Ureinwohnern der Region – und die Sierra Grande im Zentrum des Gebietes sind die beiden höchsten Gebirgszüge, deren Gipfel der Cerro Champaquí (2790 Meter) ist.

Im Nordosten der Provinz liegt der größte See Argentiniens: die Laguna Mar Chiquita erstreckt sich bis in die Provinz Santiago del Estero. Die

Rechts: Straßenbeleuchtung in der Stadt Córdoba.
Unten: Die Silhouette des Cerro Champaquí krönt die Sierras de Córdoba.

Zentralargentinien

Oben: Die Pinselblume schillert in roten Farben.
Vorhergehende Doppelseite: Abendstimmung über endloser Weite.

Flüsse Río Dulce, Río Suquía und Río Xanaes speisen diese abflusslose Lagune, an der alljährlich viele Zugvögel auf dem Weg von Patagonien in die Arktis rasten. Der gesamte See steht unter Naturschutz.

Der 12 Meter hohe Johannisbrotbaum (*algarrobo*) wächst inmitten der cordobesischen Mischwälder sowie in den Savannen von Santa Fé. Im trockeneren Westen Córdobas findet sich Monte-Vegetation aus Dornbüschen.

Die Tierwelt ist in dieser Provinz recht vielfältig: In den höheren Regionen leben Guanakos, Vizcachas (Haselmäuse) und Rebhühner, seltener streifen sogar Pumas und Schlangen durch die Sierra. Außergewöhnlich ist die Vielzahl an Vogelarten in Córdoba und Santa Fé. In der warmen Gran Chaco Landschaft im nördlichen Santa Fé begegnen einem selbst Nandus und Riesengürteltiere. In der gemäßigten Pampa-Ebene finden die nach dem Gebiet benannten Pampa-Hasen ihre Nahrung.

Geschichte

Die Stadt Córdoba ist eine der ältesten und lebendigsten Städte Argentiniens. Nach Buenos Aires hat sie traditionell die wirtschaftliche und kulturelle Vorherrschaft des Landes inne.

Auf dem alten Gold- und Silberhandelsweg von Peru zum Río de la Plata, gründete Jerónimo Luís de Cabrera am 6. Juli 1573 Córdoba de la Nueva Andalucía.

Bald zog es Jesuiten an diesen günstig gelegenen Ort, die 1599 mit dem Bau eines Zentrums ihrer Missionsarbeit in Lateinamerika begannen: Die Iglesia Compañía de Jesús, Córdobas älteste Kirche, ist heute noch zu besichtigen und war ursprünglich Teil eines größeren Gebäudekomplexes. Im selben Jahr bauten die Jesuitenbrüder das Colegio Convictorio de Nuestra Señora de Montserrat, mit dem sie den Grundstein für Córdoba als Gelehrtenstadt legten.

Das kleine Kalb ist dem jungen Guanako wohlgesinnt.

1622 entstand die Universidad de Córdoba, die erste Universität Argentiniens und nach Lima die älteste in ganz Südamerika. In den Sierras der Umgebung kamen zahlreiche weitere Jesuitensiedlungen hinzu: die *estancias* in den Städtchen Jesús Maria und Alta Gracia, die Kolonie Caroya, die Estancia Santa Catalina in der Sierra Chica sowie La Candelaria in der Sierra Grande.

In diesen Jesuitenmissionen und *estancias* sollten die Indianer der Gegend, vorwiegend Comechingones, zum katholischen Glauben bekehrt werden. Im Gegenzug erhielten sie eine begrenzte Selbstverwaltung und wirtschaftliche Autarkie.

Bis Mitte des 18. Jahrhunderts war Córdoba die wichtigste Stadt Argentiniens, ihr Reichtum wuchs, günstig bedingt durch die Landwirtschaft in der fruchtbaren Umgebung sowie durch ihre Lage an der zentralen Handelsroute zwischen Buenos Aires und der Silberstadt Potosí im heutigen Bolivien. Als 1776 das Vizekönigreich Río de la Plata entstand, verlor Córdoba seine herausragende Bedeutung und musste sich 1782 mit der Rolle der Hauptstadt des Teilgebietes Intendencia Córdoba del Tucumán zufrieden geben.

Im Dauerkonflikt zwischen der Hauptstadt Buenos Aires und dem einflussreichen Interior schlug sich Córdoba zur Kolonialzeit auf die Seite der Föderalisten. Im 19. Jahrhundert gab es ständige Unruhen, da die Provinz Córdoba eine der stärksten Befürworter eines bundesstaatlich organisierten Landes war und die Zentralregierung in Buenos Aires nicht anerkennen wollte.

Der Studenten- und Arbeiteraufstand von 1969 gegen das Militärregime von Onganía brachte das konservative Image der zentralargentinischen Großstadt ins Wanken. Diese Revolte kann als die argentinische Antwort der Linken auf den Französischen Mai 1968 betrachtet werden. Hier entlud sich die Wut auf repressive Mittel gegen Gewerkschaften, Ausbeutung der

Arbeiter und ständig sinkende Reallöhne unter dem selbst ernannten Diktator Onganía, der sämtliche politische Parteien im Land verbot und versuchte, alle Bereiche des Staates unter Kontrolle des Militärs zu bringen – selbst die Universitäten.

Von Repressalien war insbesondere Córdoba – als Industrie- und Universitätsstadt – betroffen, sodass ein Aufstand am 29. Mai 1969 zustande kam. Mit Molotow-Cocktails ausgerüstete Arbeiter aus der Automobilindustrie sowie aus den Kraftwerken zogen gemeinsam mit Studenten in das Zentrum von Córdoba. Eine Weile gelang es ihnen, die Polizei auszuschalten und die Kontrolle zu übernehmen, dann schlug das Militär zurück: 16 Menschen starben. Dennoch ging der sogenannte Cordobazo in die Geschich-te ein und wurde zu einem südamerikanischen Symbol des sozialrevolutionären Protests. Als Folge ging aus ihm auch die überregional aktive linkspolitische Guerilla-Bewegung der Montoneros hervor.

Auf dem Boden der heutigen Provinz Santa Fé entstand die erste spanische Siedlung von Argentinien: 1527 errichtete der venezianische Entdecker Sebastiano Caboto (spanisch: Sebastián Gaboto) auf seinem Weg nach Norden, am Zusammenfluss des Paraná und des Carcarañá, ein Fort, dem er den Namen Sancti Spiritus gab. Zwei Jahre später wurde es allerdings durch Ureinwohner zerstört.

1573 gründete Juan de Garay die Stadt Santa Fé dort, wo heute Cayastá liegt. Ende des 17.

Das Kloster Santa Catalina in Córdoba stammt aus der Zeit, als die Jesuiten sich in Nord- und Zentralargentinien niederließen.

Jahrhunderts wurde die Provinzhauptstadt wegen häufiger Überschwemmungen nach ihrem jetzigen Standort verlegt, an der Mündung des Salado in den Río Paraná.

Am Ufer des Río Paraná hisste während der Unabhängigkeitskriege gegen Spanien 1812 General Manuel Belgrano zum ersten Mal die hellblau-weiße argentinische Flagge. Auf sie ließ er seine Soldaten den Treueid schwören. Während des Bürgerkrieges der Föderalisten gegen das zentralistisch ausgerichtete Buenos Aires spielte Santa Fé im Jahr 1820 eine herausragende Rolle: Die Truppen dieser zentralargentinischen Provinz trugen entscheidend zum Sieg über die Armee von Buenos Aires bei. Die dadurch erlangte Unabhängigkeit der Provinzen war allerdings nur von kurzer Dauer. Immerhin wurde 1853 die argentinische Verfassung in Santa Fé verabschiedet und nicht in der zukünftigen Landeshauptstadt Buenos Aires.

Gesellschaft

Freundlich, offen, fröhlich – so lässt sich die Mentalität der Cordobesen beschreiben. Das Bildungsniveau in der Hauptstadt Córdoba ist überdurchschnittlich hoch: 12,23 Prozent haben eine universitäre Ausbildung (Landesdurchschnitt: 8,73 Prozent). Da hier der Sitz der zweitgrößten und ältesten Universität des Landes ist, trägt Córdoba auch den Spitznamen ‚La Docta' (die Gelehrte). Zahlreiche Studenten beleben das Zentrum und die Umgebung.

In Zentralargentinien wurde zum ersten Mal die argentinische Flagge gehisst.

Daneben hat sich eine bürgerliche Schicht etabliert, mit traditionell liberal-konservativer Gesinnung. Cordobesen sind sehr gastfreundlich – wie alle Argentinier – und darüber hinaus besonders kontaktfreudig und mit einem trockenen Humor gesegnet.

Mit ihren etwa 3,1 Millionen Einwohnern ist die Provinz Córdoba die zweitwichtigste Argentiniens nach Buenos Aires. Die Bevölkerung besteht hauptsächlich aus den Nachkommen europäischer sowie arabischstämmiger Einwanderer (Spanier, Italiener, Deutsche, Syrer, Libanesen, Armenier). In den letzten Jahren sind zunehmend Menschen aus den Nachbarländern Bolivien und Peru zugezogen. Leider ist ihre soziale Situation oft so prekär, dass sie in Slums am Stadtrand leben müssen. Einen Sonderstellung unter den aktuellen Einwanderern nehmen die Europäer ein, die wegen der intakten Naturschönheiten und dem angenehmen Klima in die Provinz ausgewandert sind (*migrantes ambientales*).

Das südliche Calamuchita-Tal der Provinz Córdoba besiedelten deutschstämmige Familien, besonders Villa General Belgrano (6000 Einwohner). In dem alpinen Ferienort leben neben italienischstämmigen Argentiniern viele Nachkommen deutscher Einwanderer – unter anderem von Überlebenden des im Zweiten Weltkrieg vor Argentinien versenkten Kriegsschiffes ‚Graf Spee'.

Viele Gebäude sind hier im deutsch-alpinen Stil erbaut und nicht selten preisen Restaurants ihre

Rechts: Ein Teleskop aus den 20er-Jahren wird in Córdoba ausgestellt.
Unten: Auf Spuren deutscher Vorfahren trifft man überall im Süden Amerikas.

Winderosion hat diese Felsen in den Sierras de Córdoba geformt.

Speisen auf Deutsch an. Sie feiern sogar ein dem Münchener Oktoberfest nachempfundenes Bierfest (*fiesta de la cerveza*). Das kleine Örtchen La Cumbrecita, in einer idyllischen Gegend mit Zypressen, Zedern und zahlreichen Wasserfällen 40 Kilometer westlich von Villa Belgrano gelegen, wurde ebenfalls von Deutschen gegründet.

Die Ureinwohner Córdobas, die Comechingones, lebten als sesshafte Jäger und Sammler, deren Kultur von den Inkas beeinflusst war. Sie betrieben Ackerbau und Viehzucht, wohnten in Steinhäusern und bedienten sich einer recht hoch entwickelten Technologie zur Herstellung von Textilien, für Korbflechterei, Metallbearbeitung und Keramik.

Vor der Eroberung durch die Spanier waren die Comechingones völlig unabhängig, sie kämpften allerdings gegen die vom Amazonas-Gebiet eindringenden Sanavirones, die sich im Gebiet um die Lagune Mar Chiquita niederließen. Im 16. Jahrhundert vermischten sich die indigenen Völker mit den argentinischen Kreolen oder starben an den Folgen der Kolonialisierung: Seuchen, Versklavung, Krieg. Ungeachtet der Mestizierung pflegen die Menschen der Region Centro ihre Identität als *criollos*, als Nachkommen spanischer Einwanderer. Daneben gibt es auch hier unverkennbar italienische Einflüsse.

Nach Buenos Aires und Córdoba eine der bevölkerungsreichsten Provinzen des Landes (etwa 3 Millionen Einwohner), wurde Santa Fé vor allem in der Einwanderungswelle von 1880 bis 1920 stark von europäischen Immigranten besiedelt.

In der Pampa westlich des Río Paraná lebten ursprünglich die nomadischen Het, auch Pampas-Indianer genannt, deren Kultur und Sprache später von südlichen araukarischen Indianerstämmen überlagert wurde. Die Het waren die ersten

Indianer, die gegen spanische Eroberer kämpften: in der Gegend um Buenos Aires und in Sancti Spiritus, nahe dem heutigen Rosario.

Auf dem fruchtbaren Land im Süden der Provinz Santa Fé ließen sich viele Bauernkolonien (*colonias*) nieder, vor allem Italiener, Schweizer und Deutsche. Mestizen und Ureinwohner leben in dieser Gegend hingegen nur noch wenige. Die meisten der verbleibenden *indios* aus der Sprachfamilie Mataco-Guaycurú, die Toba und die Mocoví, sowie zahlreiche Guaraní leben in Reservaten im Norden oder in eigenen, ärmlichen Stadtvierteln. So auch in der Hafenstadt Rosario (1,2 Mio. Einwohner), die eindeutig das kulturelle und wirtschaftliche Zentrum Santa Fés ist und die Provinzhauptstadt in den Schatten stellt. Indianisch beeinflusst ist Rosario aber keineswegs – hier haben vielmehr vor allem italienische Einwanderer ihre Spuren hinterlassen, die im 19. Jahrhundert in die Hafenstadt am Panamá zogen, um Arbeit und Wohlstand zu finden.

Rosario hat sich außerdem in den letzten 30 Jahren zu einer ausgesprochenen Universitätsstadt entwickelt: Die Universidad Nacional de Rosario hat hier ihren Sitz seit 1968 sowie die privaten Institutionen Pontifical Catholic University of Argentina (UCA), Austral University und die University of the Latin American Educational Center (UCEL). Trotzdem sind auch heute noch etwa ein Drittel der Stadtbevölkerung Analphabeten.

Kultur

Jesuiten und die Universität prägen die Kulturlandschaft von Córdoba. Die spanische Gesellschaft Jesu hatte erkannt, dass die Verbreitung des christlichen Glaubens in Südamerika nur in Verbindung mit Bildung und Wissenschaften zeitgemäß war, und dies kam Córdoba zugute. Der Jesuitenkomplex Manzana Jesuítica ist heute Weltkulturerbe der UNESCO, die Jesuitenschule Colegio Montserrat, die Kloster-

Pferde weiden auf den grünen Sierras von Córdoba.

Córdobas Kathedrale liegt inmitten der Altstadt und ist ein nicht nur äußerlich gelungenes Bauwerk.

bauten Santa Catalina sowie die Kirche Compañía de Jesús, deren Altar sogar aus dem peruanischen Cuzco stammt, sind noch intakt. Weitere sehenswerte Bauten aus der Kolonialepoche gruppieren sich rund um die zentrale Plaza San Martín: das Cabildo (ehemaliges Rathaus), daneben die Kathedrale, deren Grundstein bereits 1581 gelegt wurde, sowie der Palast des Marqués de Sobremonte, dem ersten Gouverneur der Provinz.

Südlich der Stadt Córdoba liegt der schöne Ort Alta Gracia, dessen berühmteste Bewohner der spanische Komponist Manuel de Falla und der junge Che Guevara waren. Der im Zentrum gelegene koloniale Jesuiten-Gutshof im Barock-Stil lohnt einen Besuch. Zahlreiche weitere koloniale jesuitische *estancias* liegen in diesem Gebiet, so etwa in der historischen Jesuitenstadt Jesús María.

Von frühen künstlerischen Ausdrucksformen indigener Völker zeugen Malereien und Steingravierungen im Areal des Cerro Colorado. Rund hundert prähistorische Felszeichnungen und Höhlenmalereien sind in diesem archäologischen Reservat im äußersten Norden der Sierra Chica erhalten.

Oben: Stillleben im Kloster Santa Catalina.
Folgende Seite: Die Stadt Córdoba ist die zweitgrößte Argentiniens.

Ein Touristenmagnet ist das moderne und wenig beschauliche Ferienzentrum Villa Carlos Paz im Punilla-Tal. Charmanter und urwüchsiger ist die kleine Stadt Cosquín, (40 000 Einwohner), in der jährlich im Januar das größte Folklorefest des Landes die Musikliebhaber aller Regionen anzieht.

Nicht weit entfernt liegt La Falda (30 000 Einwohner) an einem kleinen Stausee. Der Ferienort ist englisch und deutsch geprägt, teils noch mit leicht bröckelndem Charme aus der Belle Epoque, an die auch die Ruine des ehemaligen Luxushotels Eden erinnert. Am Nordende

des Tals führt der Weg an dem idyllischen Dorf Capilla del Monte vorbei zu dem am höchsten gelegenen Ort La Cumbre (10 000 Einwohner).

Santa Fé (400 000 Einwohner), die Hauptstadt der reichen, von Landwirtschaft und Industrie geprägten gleichnamigen Provinz, hat historisch und wirtschaftlich große Bedeutung in Argentinien. Die Kirchen Iglesia de la Compañía de Jesús und Templo de Santo Domingo sind Zeugnisse der Kolonialzeit. Das Historische Museum im barocken Kloster San Francisco gewährt detaillierte Einblicke in die bewegte Geschichte der Provinz.

In Rosario, der drittgrößten Stadt Argentiniens, wurde am 14. Juni 1928 Ernesto ‚Che' Guevara geboren, dessen Geburtshaus an der Straßenkreuzung San Lorenzo und Entre Ríos noch heute zu besichtigen ist.

Wenn es in Rosario zu heiß wird, zieht es viele Menschen an den acht Kilometer nördlich gelegenen Strand, die *Playa Florida*, am Ufer des Río Paraná.

Auch Rosario gilt als Kulturzentrum. Hier steht – neben Buenos Aires und Montevideo – eine der Wiegen des Tangos. In den 1970er-Jahren entwickelte sich aus mehreren Folklorestilen und Rockmusik ein eigenständiges Genre, das als ‚Trova Rosarina' bekannt wurde und landesweit erfolgreich war. Rosario weist sogar die höchste Theaterdichte des Landes auf.

Wirtschaft

Die Region Centro ist wohlhabend, dank der Kombination aus intensiver landwirtschaftlicher Nutzung und gut entwickelter Industriezweigen: Automobilindustrie in Córdoba und Rosario, Elektronik, Software und moderne Technologien in Córdoba sowie Agrarindustrie in fast allen Städten.

Die fruchtbaren Ebenen eignen sich für Landwirtschaft, vor allem der Soja-Anbau hat sich als lukrativ erwiesen. Weitere wichtige Agrarprodukte der Region sind Weizen und Mais, im feuchten Norden von Santa Fé auch Reis sowie im geringeren Umfang Erdbeeren, Honig, Holz und Baumwolle.

Rinder und Schafe weiden auf Córdobas grünen Hügeln sowie im Süden von Santa Fé, dessen dunkles, grünes Gras geradezu ideal für die Rinderzucht ist. Hier grasen 6,6 Millionen Rinder für die Fleisch- und Milchproduktion. Der Hafen zwischen Rosario und San Lorenzo ist Umschlagplatz für rund die Hälfte des argentinischen Exports.

Durch den frühen Bau der Flugzeugwerke Fábrica Militar de Aviones (1927) und aufgrund energiewirtschaftlich lukrativer Atom- und Wasserkraftwerke avancierte Córdoba zu einem starken Industriestandort. Der ortsansässige Bergbau liefert das nötige Uran für die Kernenergie.

Daneben ist der Tourismus eine Haupteinnahmequelle. Insgesamt gehört die Region Zentralargentinien zu den reichen Gegenden des Landes, sie erwirtschaftet etwa ein Viertel des Bruttosozialprodukts. Zwischen den einzelnen Provinzen Córdoba und Santa Fé, einschließlich Entre Ríos, soll die bereits ausreichende Infrastruktur weiter verbessert werden, um einen international konkurrenzfähigen Standort für Landwirtschaft und Industrie zu schaffen.

Politik

Die Región Centro wurde 1998 vertraglich durch den *Tratado de Integración Regional entre las Provincias de Córdoba y de Santa Fé* als Interessengemeinschaft gegründet und integriert neben den Provinzen Córdoba und Santa Fé auch die Provinz Entre Ríos. Diese lässt sich geografisch-landschaftlich betrachtet auch dem Nordosten zuordnen (siehe Kapitel: Mesopotamia).

Die Region Centro weist, verglichen mit den übrigen Zusammenschlüssen der Provinzen, den höchsten Integrationsgrad auf. Ihre Ideologie zielt auf Dezentralisierung und Festigung der regionalen Machtposition. 2004 sind für die Region die offiziellen Institutionen des Gouverneursrates (Junta de Gobernadores) und des Exekutivkomitees (Comité Ejecutivo) gegründet worden.

Eine politische Besonderheit kommt Rosario zu, da sie die einzige argentinische Großstadt ist, in der die Lokalpolitik von Sozialisten bedeutend mitbestimmt wird. Córdoba galt traditionell als ultrakonservativ – hat sich aber besonders durch Studentenbewegungen (*cordobazo*) linkspolitisch verankert.

PATAGONIEN

Geografie

Patagonien beginnt in Argentinien südlich des Río Colorado, verläuft quer über das Andenmassiv bis nach Chile und umschließt das gesamte Land südlich des Río Bío Bío bis hinab Feuerland. Die geografische Region Patagonien gehört somit politisch teils zu Argentinien, teils zu Chile. Die Anden trennen den Großraum Ostpatagonien, der etwa ein Viertel Argentiniens einnimmt, von Westpatagonien, das hauptsächlich den schmalen Landstreifen in Chile bezeichnet. Die gesamte Region Patagonien bedeckt über 1 Million km² Land, drei Viertel davon liegen auf argentinischem Territorium.

Der 71 500 km² große Archipel von Feuerland, dessen Territorium zwischen Chile im Westen und Argentinien im Osten aufgeteilt ist, wird meist zu Patagonien gezählt. Feuerland sollte

Links: Die Granitnadel des Cerro Torre zieht Kletterer aus aller Welt nach Patagonien.
Unten: Gauchos gehören zum Mythos Patagoniens wie der Wind.

Oben: Weideflächen vor dem Vulkanmassiv des Villarrica.
Vorhergehende Doppelseite: Typisch patagonischer Abendhimmel über dem Lago Lolog.

jedoch auf Grund seiner geografischen sowie historisch-kulturellen Besonderheiten als eigene Region betrachtet werden.

Südlich der chilenischen Hafenstadt Puerto Montt versinken die Küstenkordilleren im Meer und das Land ist in viele Fjorde und kleine Inseln zersplittert. Die größte der Inseln ist die *Isla de Chiloé,* die einen ganz eigenen Mikrokosmos bildet.

In Argentinien erstreckt sich die Region Patagonien im Osten entlang der Atlantikküste über die weiten, windigen Steppen der Provinzen Neuquén, Río Negro, Chubut und Santa Cruz. Zwischen Küste und den von Vulkanen und Eis beherrschten Kordilleren liegt ein scheinbar endloses trockenes Tafelland, auf dem nur Strauch- und Büschelgrasvegetation wächst. Da der Boden sehr steinig ist, eignet er sich wenig für Getreideanbau und wird vor allem als Weideland für Schafe, in den Anden auch für Rinder genutzt.

Südlich von Buenos Aires ziehen sich die Ausläufer der trockenen Pampa bis in die Küstenregionen von Neuquén und Chubut. Hier findet sich die für Zentralargentinien typische Monte-Vegetation: Dornbuschwald und Gräser. Die Temperaturen entlang dieser Landschaft sind gemäßigt, im Sommer selten höher als 25 Grad, im Winter um 6 bis 10 Grad.

Die für weite Teile des argentinischen Patagoniens charakteristische Steppenlandschaft schließt südlich und westlich direkt an den Monte an und erstreckt sich bis zur Insel Feuerland.

Patagonien liegt in einer kühl gemäßigten Klimazone, die von Norden nach Süden leichte, von Westen nach Osten aber sehr starke Temperaturunterschiede aufweist: Chilenische Temperaturen gelten aufgrund der Nähe zum Meer als gemäßigt, während sie in den kontinen-

Oben: Hütten nach alpinem Vorbild prägen die Anden bei Bariloche – hier das Refugio Frey und der Cerro Catedral.
Nachfolgende Doppelseite: Abendstimmung über den *bosques petrificados*.

talen argentinischen Steppen zwischen minus 20 und maximal plus 30 Grad schwanken können. In Patagonien ist das Wetter nie verlässlich. An keinem Ort der Welt soll sich der Himmel so schnell und so drastisch verändern wie hier.

Der patagonische Winter ist im Norden gemäßigt kühl, im äußersten Süden arktisch kalt. In den Seengebieten rund um den Lago Nahuel Huapi sowie in den Tälern der ‚chilenischen Schweiz' rund um den Lago Villarrica können die sommerlichen Temperaturen mehr als 25 Grad erreichen. Über die Steppen bläst häufig der *Pampero*, ein starker Westwind, der insbesondere im Sommer für stürmisches Wetter sorgt.

Diese charakteristischen Westwinde treiben häufig Regenwolken über die Anden, sodass die patagonischen Berglandschaften mit ihren Wäldern überwiegend grün sind, im Gegensatz zu den weiten Steppen der Provinzen Neuquén,

Chubut, Río Negro und Santa Cruz. Die Andenkette scheidet so das Wetter zwischen Ost und West: Das argentinische Tafelland liegt im Regenschatten der Anden, wo es sehr trocken, aber windig ist. Westlich der Anden, im chilenischen Teil Patagoniens, bildet der immergrüne, valdivianische Regenwald eines der regenreichsten Gebiete Amerikas.

Die feuchten Mischwälder in Chile und Argentinien sind nach den Küstenregenwäldern entlang der pazifischen Nordwestküste der USA die zweitgrößten der Welt. Der valdivianische Regenwald dehnt sich nördlich des Lago Buenos Aires/General Carrera in der Nähe der Stadt Valdivia aus. Er ist der artenreichste Regenwald unter den gemäßigten Zonen der Erde (über 70 Baumarten). In den kälteren Regionen Südpatagoniens wächst der artenärmere Magellanwald (*bosque magallánico*).

Die für Patagonien typischen Baumbestände des Südbuchenwaldes stellen sich aus dem immergrünen *coigüe* (in Argentinien: *coihue*), dem *raulí* sowie dem *roble* zusammen. Abgesehen von Südbuchen sind Nadelhölzer für das malerische Seengebiet charakteristisch: Die bis zu 40 Meter hohe Araukarie, die über tausend Jahre alt wird, erinnert an einen Regenschirm. Bis zu 4000 Jahre alt und 70 Meter hoch wird die Alerce; sie ist mit den westamerikanischen Sequoia-Bäumen verwandt. Aus dem fruchtbaren Seengebiet um den Lago Villarrica stammt die rot blühende chilenische Nationalblume *copihue*.

Patagonien erreicht der Reisende jenseits der Anden über zwei historische Straßen: Die argentinische Ruta Nacional Cuarenta (RN 40) hat bereits rund 2500 Kilometer Schotterpiste und Asphalt hinter sich, wenn sie – aus Bolivien kommend – ihren Weg weitere 2500 Kilometer bis zum patagonischen Südzipfel Feuerland fortführt.

Durch das zerklüftete Südchile schlängelt sich die abenteuerliche Carretera Austral. Sie beginnt in Puerto Montt, wo die von Nordamerika bis Chile führende Verbindungsstraße Panamericana endet. Die Carretera Austral erreicht 1240 Kilometer weiter im Süden den Ort Villa O'Higgings; ein Ausbau der Route bis Puerto Natales ist in Planung.

Auch wenn der Biologe Charles Darwin auf seiner Forschungsreise durch Südamerika im Jahre 1834 festhielt, die Ebenen Patagoniens könnten nur negativ beschrieben werden („Ohne Wohnstädte, ohne Wasser, ohne Bäume"), wäre die Annahme verfehlt, diese Gegend sei insgesamt artenarm. Immerhin erstreckt sich Patagonien

Im Hafen von Puerto Montt.

über 14 Breitengrade. In der Großlandschaft von Anden, Seengebiet, Steppe und Küste leben viele seltene Tiere, einige Landschaftszonen haben sogar eine einzigartige Artenvielfalt hervorgebracht, wie etwa die Halbinsel Valdés an der argentinischen Atlantikküste oder der valdivianische Regenwald, der als ,endemisch' bezeichnet wird: Durch die geografisch isolierte Lage Chiles – im Westen die Anden, im Norden Wüste, im Süden die Arktis – findet man vor Ort viele Pflanzenarten, die allein hier beheimatet sind.

Das possierliche Guanako (eine Art zierliches Lama) besitzt in Patagonien sein größtes Habitat, ebenso der südamerikanische Straußenvogel Nandu. Patagoniens wildestes Raubtier ist die scheue Puma-Katze. Leider wird sie immer wieder Opfer von illegalen Jägern. In der Steppe finden Stinktiere und Gürteltiere ihre Nahrung, daneben streunen Grau- und Rotfüchse durch die flachen Ebenen. Inmitten von schwarzgrünen, kurzen Strauchgewächsen, *mata negra* genannt, die zunehmend die patagonische Steppe bedecken, bekommt man oft *maras*, langbeinige Hasen, sowie Wildschweine zu Gesicht. Vogelliebhaber finden an den Küsten und Seen Schwarzhalsschwäne, Ibisse, Kiebitze, Flamingos sowie in den Anden Greifvögel, unter denen der größte der Kondor ist. Auf der Westseite der Anden leben noch einige der letzten *huemul* und *pudu*, vom Aussterben bedrohte Hirscharten der Region.

Geschichte

Lange vor Ankunft der Spanier in Südamerika lebte südlich des Río Maule der mutige, wider-

Ein junger Kiebitz.

standsfähige Stamm der Araukaner, auch Mapuche genannt. Die Inkas versuchten vergebens, die Indianer des mittleren und südlichen Chile zu unterwerfen, daher nannten sie diese Stämme ‚Auca' – wilde Krieger. Jene Aucas unterhielten Handelskontakt mit den Inkas und wurden von ihnen kulturell beeinflusst, blieben jedoch politisch unabhängig.

Die nördlichen Seengebiete bewohnten die Picunche, ein Stamm der Mapuche. Sie bauten Mais, Bohnen und Kartoffeln an, ernährten sich von Pinienkernen und den Samen der Araukarie, dem botanischen Wahrzeichen der Region. Das Kernland der Mapuche, die aus den Stämmen der Picunche und Huilliche zusammenschmolzen und sich in ihrer Sprache (Mapudungun) ‚Menschen der Erde' nannten, befand sich zwischen dem Tal von Illapel und der Insel Chiloé. Südlich von Chiloé, wo die Andenkette im Pazifik versinkt, lebten die Chono. Sie waren geschickte Kanubauer und ernährten sich hauptsächlich vom Fischfang.

Weiter südlich sowie in den weiten Steppen des heutigen argentinischen Patagoniens waren die Tehuelche beheimatet. Die Tehuelche gehören zur selben Chon-Sprachfamilie wie die Ona auf Feuerland und lebten als Nomaden von der Jagd auf Guanakos, Nandus und Pumas. Sie verzehrten das Fleisch und verarbeiteten die Felle zu Kleidung.

Als der portugiesische Seemann Magallanes (der Namensgeber der Magellanstraße, siehe Kapitel über Feuerland) diese hoch gewachsenen Indianer das erste Mal zu Gesicht bekam, nannte er sie ‚Großfüßler' (spanisch: *patagones*), da sie mit ihren in Felle gewickelten Füßen besonders große Abdrücke im Sand hinterließen. Zudem ist ihr Name vermutlich eine Anspielung auf den zu jener Zeit bekannten Ritterroman ‚Primaleón' von Francisco Vázquez, in dem ein Riese mit dem Namen ‚Patagón' auftritt.

Ein großer Teil der Tehuelche lebte bis in das 18. Jahrhundert als Jäger und Sammler. Noch bis in das 19. Jahrhundert hinein schafften sie es, sich den europäischen Kolonialherren zu widersetzen. Dazu bedienten sie sich einer raffinierten Überlebenstaktik: Sie raubten die von den Europäern massenweise in die argentinische Pampa eingeschleppten Rinder und Pferde und verkauften sie an Siedler in Südpatagonien und Südchile.

Zu Beginn des 19. Jahrhunderts, als Buenos Aires der wichtigste Importhafen Südamerikas war, entwickelte sich der indianische Schmuggelhandel östlich und westlich der patagonischen Anden zu einem wichtigen Wirtschaftszweig, von dem insbesondere Chile profitierte. Von dem erworbenen Geld beschafften sich die Indianer Kriegswaffen.

Als aber im 19. Jahrhundert die systematische Einteilung der patagonischen Landstriche in Großgrundbesitze erfolgte, um Rinder und Schafe im großen Stil zu züchten, erwiesen sich die Indianer als Störfaktor, den die argentinische Regierung gezielt beseitigte. Es kam zu den mörderischen ,Wüstenkampagnen' zwischen 1833 unter Präsident Rosas und 1877 unter General Roca. 1878 schlugen argentinische Militärs den letzten Stamm in den Anden.

Den chilenischen Mapuche erging es etwas besser. Da sie bereits Ackerbauern waren, fiel ihnen die Umstellung auf ein sesshaftes Dasein nicht so schwer – allerdings wurden sie von chilenischen Großgrundbesitzern (*hacenderos*) in Reservate verdrängt.

Noch bis in das 16. Jahrhundert hinein gelang es den Mapuche, die spanischen Kolonialherren durch kriegerischen Einsatz von sich fernzuhalten. Die Hauptstadt Santiago de la Nueva Extremadura (1541 gegründet, heute Santiago de Chile) musste mehrmals gegen Indianerangriffe verteidigt werden. Ähnlich erging es sämtlichen Städten unterhalb des Río Bío Bío – das heutige Concepción (1550), Valdivia und Villarrica (beide 1552) – die als Forts entstanden, hielten den Angriffen der Mapuche kaum Stand.

1553 gelang es den Mapuche sogar, den Eroberer Chiles, Pedro de Valdivia, gefangen zu nehmen und zu töten. Dies verdankten sie ihrem geschickten Kaziken Lautaro, der Pedro de Valdivia in seiner Jugend als Pferdeknecht diente, um

die Kriegstaktiken der Spanier genau zu studieren und sich im Namen seines Volkes an den Invasoren zu rächen, wie sich später herausstellen sollte. Das letzte Fort zur Bekämpfung der Mapuche entstand 1881 in Temuco.

Ende des 16. bis Mitte des 17. Jahrhunderts kam es zu endlosen kriegerischen Auseinandersetzungen, wobei die feindlichen Lager der Spanier und der Mapuche nicht immer so klar gegeneinander abgegrenzt waren, wie man vermuten könnte: Es kam immer wieder zu kulturellem Austausch durch Handel. Spanische Soldaten desertierten zu den Familienbanden der Mapuche und nahmen sich eine Indianerin zur Frau; Araukaner hielten sich als Händler in spanischen Gebieten auf und vermittelten ihr Wissen an kriegerische Stämme weiter.

Schnell übernahmen die Mapuche von den Spaniern das Pferd als Reit- und Lasttier, was sie zunächst unbesiegbar werden ließ. 1641 gestanden ihnen die Kolonialmächte südlich des Bío Bío ein eigenes, autonomes Territorium zu. Auraukanische Pferdetrupps zogen über die Anden gen Osten, um von den Europäern eingeschiffte Pferde und Rinder zu fangen. Bald übernahmen die nomadischen Tehuelche diese Sitte sowie weitere kulturelle Eigenarten der Mapuche, sodass es noch im 18. und 19. Jahrhundert zu einer ‚Araukarisierung' der argentinischen Patagonier und Pampas-Indianer kam.

Die Epoche der Militärdiktaturen im 20. Jahrhundert, unter Pinochet in Chile (1973 bis 1989) und unter General Videla in Argentinien (1976 bis 1983), hinterließ auch in Patagonien ihre

Vorhergehende Seite: Auch in Patagonien eher selten: ein handwerklich gefertigter offizieller Briefkasten
Unten: Markt in Valdivia.

Spuren. In der Einsamkeit der Steppe befanden sich abgelegene Folterzentren und vor allem Pinochet bestand auf einer ,Säuberung' des Südens von den Mapuche-Indianern, für deren Rechte sich gerade zuvor die sozialistische Regierung unter Salvador Allende (1970 bis 1973) eingesetzt hatte. Des Weiteren leitete Pinochet die Ausbeutung der Ressourcen der Region im großen Stil ein: durch staatlich subventionierte Abholzung und exzessive Überfischung. Pinochets liberales Wirtschaftssystem förderte ferner die Privatisierung großer Landstriche in Südchile.

Interessanterweise haben in jüngster Zeit Chile und Argentinien erstmals in der Geschichte eine Frau an der Spitze: In Chile regiert seit 2006 die Sozialistin Michelle Bachelet, ein Jahr darauf wählten die Argentinier die Peronistin Cristina Fernández de Kirchner für das Präsidentenamt. Allerdings sind spezifisch patagonische Fragen (etwa die durch diverse Faktoren bedingte Umweltzerstörung oder die letzten Indianerreduktionen) keine Schwerpunktthemen der beiden Präsidentinnen (siehe in diesem Kapitel: Politik).

Kultur

Patagoniens Kulturschätze sind in den jahrtausendealten Spuren der frühen Besiedlungen des Gebietes zu finden. Wie in kaum einer anderen Region Südamerikas liegt die Attraktivität vornehmlich in den Naturparks, in fossilen Funden sowie vor allem in der Erhabenheit der Landschaft – Kleinode aus der kolonialen Epoche

Von der südchilenischen Stadt Puerto Varas aus hat man einen beeindruckenden Blick auf den Vulkan Osorno (links) und den Monte Tronador (rechts).

Das Rathaus von Bariloche.

oder Theater von Weltrang findet man nirgends. Wer sich über die Geschichte der Kolonialisierung Patagoniens informieren möchte, sollte einige Museen der größten Städte aufsuchen: In San Carlos de Bariloche (100 000 Einwohner), am Ostufer des argentinischen Nahuel-Huapi-Sees, dokumentiert beispielsweise das Museo de la Patagonia sehr ausführlich die Kulturgeschichte der Region. Die Andenstadt ist im argentinischen Winter ein beliebter Skiort mit alpinem Flair, selbst Schokolade gibt es hier im Überfluss.

In Río Gallegos, der Provinzhauptstadt von Santa Cruz, lohnt sich der Besuch einer liebevoll zusammengestellten Kollektion von Reliquien aus der Kolonialepoche. Das Museo de los Pioneros beherbergt alte Fotos, Musikinstrumente und Möbel. Im chilenischen Punta Arenas, der südlichsten Kontinentalmetropole der Welt, zeigt das Museo Salesiano eine umfassende

Sammlung über die Geschichte, Kultur und Natur Südpatagoniens.

Zudem genießt Punta Arenas (116 000 Einwohner) den Ruf, die schönste Stadt Patagoniens zu sein. Hier findet man im Teatro Municipal aus der Gründerzeit (1899) auch die südlichste Oper der Welt. Die chilenische Universitätsstadt Valdivia (128 000 Einwohner) hat im Museo Austral eine interessante Kombination aus deutscher Kolonialgeschichte und moderner Kunst zusammengestellt.

Das wichtigste Zeugnis prähistorischer Besiedlung ist die *Cueva de las Manos*, eine Höhle in der Schlucht des Río Pinturas. Wie der Name ‚Höhle der Hände‘ besagt, haben hier, in der südlichen Provinz Santa Cruz, indianische Ureinwohner über 800 künstlerische Negativ-Abdrücke ihrer Hände hinterlassen.

Die Wandmalereien in der *Cueva de las Manos* sind ca. 10 000 Jahre alt.

Weitere Malereien in den Farben Rot, Ocker und Gelb – unter anderem Darstellungen von Menschen und Guanakos – sind geschätzte 10 000 Jahre alt und zählen somit zu den ältesten Belegen früher Besiedlung in Südamerika.

Die größten und ältesten Dinosaurier-Funde stammen aus Neuquén und sind im Museo Paleontológico Ernesto Bachmann des kleinen Ortes El Chocón zu sehen. Davon abgesehen, entdecken Paläontologen immer wieder neue Saurierfriedhöfe in den Steppen oder auf Weideländern großer *estancias*. Rund um die Ausgrabungsstätte am argentinischen Cerro Condor ist eine Art Freilichtmuseum entstanden.

Zeugen der patagonischen Urzeit sind außerdem zwei versteinerte Wälder in der Nähe der argentinischen Atlantikküste: die *bosques petrificados*. Das paläontologische Museum der Provinz Chubut richtete in der Nähe des Ortes Gaiman eine Art Lehrpfad durch mehr als 60 Millionen Jahre patagonischer Geogenese ein. Fossile Funde der Gegend offenbaren, dass die patagonische Steppe einst eine subtropische Savanne war, in der große Saurier, Ameisenbären, Mammutvögel und Riesenfaultiere beheimatet waren. Die heute versteinerten Wälder südlich von Comodoro Rivadavia sowie westlich davon, bei Sarmiento, bestehen vor allem aus jahrmillionenalten Araukarien, die bei Vulkanausbrüchen mit Lava überschüttet wurden und versteinerten. Kieselsäure aus vulkanischen Sedimenten ermöglichte dieses einzigartige Phänomen.

Die raue Schönheit Patagoniens diente oftmals als Inspirationsquelle für Schriftsteller. Der gefeierte chilenische Dichter Pablo Neruda widmete das Versepos ‚Canto General‘ der Schönheit seines Landes und besang darin auch die

Oben: Spaziergang durch die Steppe von Jaramillo mit den versteinerten Wädern.
Vorhergehende Doppelseite: Ein beliebtes Ausflugsziel in der Nähe von Bariloche ist der Valle Encantado.

Wälder, Seen und Berge Südchiles. Als literarisches Thema wurde Patagonien von diversen Autoren aufgegriffen: Der US-Amerikanische Reiseschriftsteller Paul Theroux schrieb über den einstigen ‚Patagonia Express' und verfasste gemeinsam mit Bruce Chatwin das Buch ‚Wiedersehen in Patagonien'. Bruce Chatwin gilt überdies als literarischer Urvater des Feuerland-Mythos; Dichtung und Wahrheit über die Insel liegen in seinen Erzählungen nah beieinander.

Wer eine 15-stündige Fahrt mit der historischen Eisenbahn ‚Patagonia Express' (seit 1929 unterwegs) durch die Provinzen Chubut und Río Negro auf sich nimmt, kann sich auf der Strecke von Esquel nach El Maitén wie ein Abenteurer aus dem berühmten Roman von Paul Theroux fühlen. Auch der chilenische Bestseller-Autor Luis Sepúlveda widmete dem ‚Patagonia Express' einen gleichnamigen Krimi.

Einen historischen Aufstand patagonischer Landarbeiter auf der Estancia La Anita im Jahr 1921 verewigte der argentinische Autor Osvaldo Bayer in dem Roman ‚La Patagonia Rebelde' (Das rebellische Patagonien). Das Drama der patagonischen Landarbeiterstreiks verarbeitete auch der nicaraguanische Dichter Rubén Darío in dem Stück ‚La Amargura de Patagonia' (Die Bitterkeit Patagoniens). Ferner haben Autoren wie Jules Verne, Stefan Zweig oder Herman Melville Patagonien als Schauplatz für ihre Romane gewählt.

Gesellschaft

Die Steppen, Gebirgszüge und Küstenstriche des argentinischen Patagoniens wurden seit Urzeiten von Indianern bewohnt, die alle – anders als die von den Inkas beeinflussten Kulturen des argentinischen Nordens – ur-

Der historische Zug „Patagonia Express" ist immer noch in Betrieb.

sprünglich als Nomaden vom Sammeln und Jagen lebten. Es wäre allerdings voreilig, diese Kulturen nach europäischem Maßstab als primitiv einzustufen, da ihre geschickte Anpassung an die unberechenbare Natur viel Wissen und Umsicht erforderte; ihre vielfältigen Kenntnisse über die Jagd, über die Wirkung heimischer Pflanzen oder über die Beherrschung der Kriegskunst, gaben sie mittels fester Traditionen an ihre Nachkommen weiter.

Einige der letzten Nachkommen der Tehuelche sind in der Provinz Chubut in zwei Reservaten verteilt: in El Chalía (60 km von Ricardo Rojas entfernt) und Loma Redonda. Zwischen 30 und 80 Menschen hausen in diesen *reducciones*, überwiegend alte Frauen und allein erziehende Mütter, deren Männer auf Arbeitssuche in die Städte emigriert sind oder auf einer *estancia* ihren Lohn verdienen.

Zwischen dem chilenischen Temuco im Norden und der Insel Chiloé im Süden befand sich das Kernland der Mapuche. Sie waren nicht allein Jäger und Sammler, sondern betrieben auch Ackerbau und lebten in organisierten Dörfern, deren Oberhaupt ein Kazike war. Heute befinden sich die letzten Mapuche-Reservate in Südchile in der Umgebung der Stadt Temuco.

Die ursprünglich matriarchalisch geprägten Mapuche verehren noch immer ihre schamanistischen Heilerinnen, sogenannte *machis*; an der Spitze der Mapuche-Reservate steht jedoch wie ehedem ein Kazike. Es gibt noch rund 15 Mapuche-Dörfer, die Namen tragen wie Yala Laubat, Biancuntre, Lago Rosario oder Lagunita Salada. Die Mapuche-Nachfahren feiern ihre Feste nach alten Bräuchen (so etwa Neujahr am 22. Juni), und sie beten wie ihre Vorfahren zur Mutter Erde, *la pachamama*.

Die europäische Besiedlung Patagoniens begann vergleichsweise spät – erst ab dem 19. Jahrhundert. In den Süden des Subkontinents strömten neben den Spaniern vor allem Engländer, die es ebenfalls in diese karge, aber atemberaubend schöne Region zog. Auch Waliser gehörten zu den ersten Siedlern. Ab 1865 ließen sie sich von Puerto Madryn aus am Río Chubut nieder. Sie lebten und arbeiteten mit den Tehuelche lange Zeit in friedlicher Eintracht.

Engländer und Schotten kamen auf die Idee, das karge Land Patagoniens als Schafweiden zu nutzen, was sich als äußerst lukrativ erwies. Englisches Kapital finanzierte auch die erste Eisenbahnlinie, um Patagoniens Infrastruktur zu verbessern. In dieser Zeit entstanden die ersten großen *estancias* und einige wenige Familien teilten sich den sagenhaften Reichtum, den ihnen das besetzte Land bescherte. Ihre Blütezeit erlebten die argentinischen *estancias* Mitte des 19. Jahrhunderts, als sie Schaffleisch und -wolle in großen Mengen per Eisenbahn in die neuen, riesigen Gefrierschränke des Hafens von Buenos Aires zum Export brachten. Eines der dunkelsten Kapitel schrieb die Großgrundbesitzer-Familie Braun-Menéndez, als sie 1921 ihre Landarbeiter (vorwiegend Indianer) erschießen ließen, weil diese mehr Lohn forderten.

Das chilenische Äquivalent zur *estancia* ist die *hacienda*, die sich aus dem ursprünglichen ausbeuterischen System der *encomienda* entwickelte: Die spanischen Konquistadoren hatten den Indianern Land geraubt und von der spanischen Krone riesige Landgüter als *encomienda* übertragen bekommen.

Alle auf diesem Gebiet lebenden Indianer waren Eigentum des Großgrundbesitzers (*encomende-*

Links: Blick auf den Fitz Roy.
Unten: Riesige Getreidefelder bei Trevelin, im nördlichen Patagonien.

Weidenden Pferden begegnet man in Patagonien überall.

ro) und verpflichtet, für ihn zu arbeiten. Ende des 18. Jahrhunderts wandelte sich das System in die etwas abgemilderte Form der *repartimientos*, in der nur noch ein gewisser Anteil von auf dem Terrain lebenden *indios* zur Zwangsarbeit verpflichtet war.

Auf diese Weise bildete sich eine Kaste von privilegierten Großgrundbesitzern in Argentinien und Chile heraus, die unangefochten über Land und Menschen auf ihren Latifundien herrschen konnten und aufgrund ihrer wirtschaftlichen Macht ebenfalls in der Politik großen Einfluss erlangten. Nach der Loslösung von Spanien gingen die von der Krone geliehenen Güter direkt in Privatbesitz über und wurden zu *estancias*, beziehungsweise zu *haciendas*.

Auch die chilenischen *hacenderos* bildeten im 19. Jahrhundert eine feudale Oligarchie, die das Land lenkte. Der Figur des *gaucho* in Argentinien entspricht der chilenische *huaso*. Mittlerweile haben viele *estancias* und *haciendas* ihre Türen für Touristen geöffnet.

Nicht wenige Ländereien Patagoniens gingen in den vergangenen Jahren in die Hände reicher, bekannter Unternehmer und Schauspieler. Berühmte Großgrundbesitzer Patagoniens sind Sylvester Stallone, Ted Turner und Michael Douglas. Die einstige mustergültige *estancia* ,El Condor' bei Río Gallegos in Santa Cruz erwarb 1994 das Textilunternehmen Benetton für acht Millionen Dollar. Seither werden in diesem dorfähnlichen Anwesen jährlich 500 000 Kilo Schafwolle für das italienische Modelabel produziert.

Oben: Die Saltos de Petrohue vor dem Vulkan Osorno.
Folgende Doppelseite: Ein weltberühmtes Postkartenmotiv stellt der Lago Pehoe mit dem Massiv der *Torres del Paine* im Hintergrund dar. Links der *Paine Grande*, etwas rechts der Mitte die *Cuernos del Paine*.

In Südchile ließen sich bereits im 19. Jahrhundert viele Deutsche nieder, deren typische Schwarzwaldhäuschen und ordentliche Blumengärten sich sonderbar authentisch in die hügelige Seenlandschaft zwischen Valdivia und Osorno fügen. Schwarzweiße Kühe auf den saftigen Wiesen runden das Bild von einer deutschen Alpenidylle auf südamerikanischem Boden ab.

In den Bewohnern Patagoniens spiegelt sich die ‚typische' Mentalität der Argentinier und der Chilenen wider, je nachdem, auf welcher Seite der buchstäblich mit dem Lineal gezogenen Landesgrenze man sich befindet: Temperamentvoll, mitteilsam und verschwenderisch lebt es sich auf argentinischem Boden; zurückhaltend, geschäftstüchtig und leise wirken dagegen die Chilenen.

Höflich und gastfreundlich sind die Menschen hier überall und Reisende sind zunächst immer willkommen. Kriminalität in Form von Überfällen oder Diebstahl gibt es kaum, zumal Patagonien außerordentlich dünn besiedelt ist; statistisch gesehen bewohnen höchstens drei Menschen einen Quadratkilometer.

Politik

Ein Teil von Patagonien gehört politisch zu Chile, wo es verwaltungstechnisch die Regionen VII bis XIV umfasst. Der flächenmäßig größere, argentinische Teil Patagoniens östlich der Anden besitzt den Status einer eigenen Provinz mit dem Namen *Patagonia*.

Zwischen den beiden Nachbarländern, die über eine mehr als 5000 km lange gemeinsame Grenze verfügen, kam es immer wieder zu Streitigkeiten um den Grenzverlauf. So ist die Zugehörigkeit eines 1200 km² großen Gletscher-Gebietes südlich des Fitz Roy-Massivs immer noch umstritten. Den langen Disput um einen Teil der Laguna del Desierto in den Südanden beendete 1994 ein internationales Schiedsgericht, indem es das Gebiet Argentinien zusprach. Bereits Ende der 1970er-Jahre kam es wegen Grenzstreitigkeiten im Beagle-Kanal vor Feuerland beinah zu einer bewaffneten Auseinandersetzung. Ebenso wenig konnten sich Chilenen und Argentinier bis jetzt über die Grenze der von ihnen beanspruchten Gebiete in der Antarktis einigen.

Patagonien hat indirekt Einzug in die nationale argentinische Politik gehalten, seit 2003 Néstor Kirchner die Regierung übernahm (2007 löste ihn seine Frau Cristina ab). Der kluge Präsident aus Santa Cruz gilt als ‚Macher‘: zuverlässig, zurückhaltend, kühl – eben ‚patagonischer‘ als der Porteño oder Nordargentinier.

Im gesamten chilenisch-argentinischen Patagonien bewegt das Thema Umweltpolitik die Gemüter. Der Niedergang dieser einzigartigen

Links: Schokoladenhersteller bieten ihre Ware in Barlioche an; sogar deutsches Gebäck wie Stollen kann hier erworben werden.
Unten: Ein Mapuche-Indianer auf dem Weg zum Markt in Aluminé.

Oben: Mumifizierte Fuchs-Kadaver zieren so manchen Eingang einer *estancia*.
Rechts: Der Gipfelaufbau des Cerro San Lorenzo (3706 m).

Gegend mobilisiert nationale Umweltschützer und Aktivisten aus der gesamten Welt. Zudem illustrieren Patagoniens Umweltprobleme auf exemplarische Weise die globalen Umweltschäden. Die Frage, wie viele Gletscher hier vom Schmelzen bedroht sind oder wie viele Schafe und Kühe wegen zu starker Sonnenstrahlung erblindet sind, hängt direkt mit der weltweiten Zerstörung der Ozonschicht zusammen. Um nur ein Beispiel zu nennen: Im *Circo de los Altares*, mitten auf dem argentinischen Inlandeis, hat sich die Eisdecke im Vergleich zu den 1970-Jahren um ungefähr 100 Meter reduziert. Auch der Perito-Moreno-Gletscher in Argentinien sowie die Gletscher an der Laguna San Rafael in Chile nehmen in den letzten Jahren erheblich langsamer an Umfang zu. Die Abbruchkanten der großen Gletscher vom Inlandeis ziehen sich zu über 90 Prozent zurück. Besonders gut zu beobachten ist dies am Upsala-Gletscher, der sich allein im Jahre 2004 um 700 Meter zurückgezogen hat.

Ein wunder Punkt Patagoniens ist die Abholzung der Wälder. So sind von ursprünglich ca. 19 Millionen Hektar chilenischen Regenwaldes mehr als 70 Prozent gefällt, gerodet oder abgebrannt worden. Die einheimische Flora wächst nur sehr langsam nach (immerhin sind viele chilenische Bäume wie Alerce und Araukarie über tausend Jahre alt). Neu importierte Nadel- und Eukalyptusbaumarten zerstören das ursprüngliche Ökosystem. Als Folge davon versauern die Böden und die ursprüngliche Pflanzen- und Tierwelt verarmt.

Während der Diktatur Pinochets wurde die Ausbeutung der chilenischen Wälder massiv unter-

Eingangsbeschilderung zum argentinischen Nationalpark Perito Moreno, einer der einsamsten im Land.

stützt, auch heute noch können ausländische Firmen hier ungescholten ihre Fabriken aufbauen. So steht das größte Holzschnipselwerk der Region bei Puerto Montt und gehört einer schwedischen Firma. Noch zählt der immergrüne valdivianische Regenwald zu den artenreichsten der Welt. Unzählige Tier- und Pflanzenarten sind hier inzwischen aber akut bedroht, unter anderem der seltene Zwerghirsch.

Ein weiteres Problem stellen die riesigen Schafherden dar, die das Weideland derart kahl gefressen haben, dass dies an vielen Stellen zu einer wahren Verwüstung geführt hat. Etwa ein Sechstel der gesamten Schafweidefläche (130 000 km²) ist bereits von Erosion und Desertifikation betroffen. Als Folge davon wächst überall die unschöne *mata negra* und einige Teilgebiete sind bereits versandet. Um 1900 zählte der Schafbestand Patagoniens noch 60 Millionen Tiere, mittlerweile ist er um ein Viertel geschrumpft. An den Küsten Patagoniens, insbesondere in Chile, ist seit Jahren die Überfischung alarmierend.

Andererseits gibt es zahlreiche Naturschutzprojekte in Patagonien; so gründete die argentinische Regierung hier die ersten Naturreservate, die vom Staat unterstützt werden. Argentinien ist das einzige Land der Welt, das staatlich geprüfte ,Ranger' – Naturparkwärter – (*guardaparques*) ausbildet. Viele frühe Nationalparks gehen auf Francesco ,Perito' Moreno (1852 bis 1919) zurück, der 1876 und 1877 im Auftrag der Regierung als Gutachter in Patagonien unterwegs war und die Naturschönheiten rund um die großen Seen Lago San Martín, Lago Viedma und Lago Argentino erforschte und beschrieb. Er stiftete den ersten Nationalpark bei Bariloche, den Parque Nacional ,Nahul Huapi'.

Auch Chile folgte später dem Beispiel und gründete Nationalparks, wenngleich etwas zögerlich. Leider werden in beiden Ländern die Schutzbestimmungen recht lasch gehandhabt: Kom-

merz geht häufig vor Naturschutz. So wurden in dem chilenischen Nationalpark Torres del Paine Luxushotels gebaut. Das Kraftwerk sowie die wilde Mülldeponie von El Chaltén inmitten des Nationalparks Los Glaciares zeugen wohl kaum von ausgeprägten Umweltbewusstsein.

Effektiver waren in den letzten Jahren private Naturschutzinitiativen, die riesige Landflächen aufkauften, renaturierten und in öffentliche Nationalparks umwandelten. Die bekanntesten Beispiele sind der Parque Nacional Pumalín nordöstlich von Chaitén und das Naturreservat Monte León, an der argentinischen Atlantik-

küste, die vom Ehepaar Tompkins-McDivitt auf-
gebaut wurden. Zu Geld kam der US-Amerikaner Douglas Tompkins durch das Modeunter-
nehmen Esprit, aus dem er jedoch ausstieg, um in
der Folge riesige Regenwaldgebiete in Südchile
aufzukaufen, die teils bis nach Argentinien reichen.

In Form von Stiftungen verwaltet das Ehepaar
mittlerweile 825 000 Hektar Land. Tompkins
schenkte dem chilenischen Staat weitere 80 000
Hektar und so entstand südlich von Pumalín der
Corcovado-Nationalpark. Die Wohltaten des
Multimillionärs rufen bei den Chilenen nicht nur

Dankbarkeit, sondern auch tiefes Misstrauen
hervor. Die phantasievollsten Theorien kursie-
ren um die Absichten des Amerikaners: Tompkins plane auf seinen Ländereien ein neues Israel
für jüdische Einwanderer oder erschaffe heim-
lich eine Landebahn für Außerirdische. Viele
Streitigkeiten mit seinen direkten Gegnern sind
jedoch handfesterer Natur: So legt er sich mit
Fischern der Region an, weil sie Seelöwen jagen,
wirft Lachszüchtern vor, sie verschmutzten die
Fjorde mit Fischfutter und Viehzüchter macht er
für die Verwüstung der Böden verantwortlich.
Viele Anwohner seiner Nationalparks profitieren hingegen direkt von Tompkins Initiative.

Der (Öko-)Tourismus ist für sie eine sichere Einnahmequelle. Tompkins selbst lebt auf einer einsamen Farm südlich von Puerto Montt.

Die urwüchsige Natur Patagoniens steht für ihn im Vordergrund; so zieht er zum Beispiel in Baumschulen die bedrohte Zypressenart Alerce auf. Die Natur des Menschen betrachtet er dabei eher pessimistisch: Wenn in den kommenden Jahren kein kollektives, ökologisches Bewusstsein entstehe, das zum globalen Umdenken zwinge, dann sehe es auf unserem Planeten finster aus.

Die meisten und größten der insgesamt 39 argentinischen Nationalparks, Naturreservate und Naturmonumente befinden sich auf patagonischem Gebiet, einschließlich Feuerland. Viele davon liegen direkt an der Grenze zu Chile, wie im unten folgenden Regionalteil zu lesen ist.

Wirtschaft

Die wichtigste Einnahmequelle der patagonischen Steppe ist die Schafzucht, gefolgt von der Rinderzucht. Im nördlichen Seengebiet ist auch der Obstanbau bedeutend. An den Küsten des Atlantik und Pazifik wird reichlich gefischt, allerdings nicht immer für inländische Unternehmen. Insbesondere Japaner, Russen und Spanier bereichern sich an dem mittlerweile stark bedrohten Fischbestand.

Vorhergehende Doppelseite: Uralte Araukarien an der Laguna Verde (Parque Nacional Lanín).
Unten: Morgengrauen im Lago Hess südlich von Bariloche.

Um die Stadt Comodoro Rivadavia gibt es bedeutende Ölvorkommen. Ferner spielt der Tourismus eine zunehmend wichtige Rolle für die Wirtschaft der Region.

Patagonien liefert der argentinischen Republik viele Güter – Wolle, Erdgas, Petroleum, Fleisch, Fisch, selbst Aluminium und Elektrizität – und dient daher stets als Anziehungspunkt für arme Familien und Arbeitsuchende. Vor allem während der jüngsten Wirtschaftskrise in den Jahren 2001/2002 zog es manch eine Familie aus nördlicheren Gegenden auf der Flucht vor der Armut in den Süden, um ihre Existenz zu sichern. Auch Chiles Süden birgt große Reichtümer: Die nördlichen Täler des Seengebietes – zwischen Chillán und Angol – gelten als Kornkammer des Landes. Außerdem gedeihen hier alle erdenklichen Obst-

sorten, die Chile erfolgreich nach Europa sowie in die USA exportiert.

Weiter südlich grasen in den Kältesteppen Südchiles zahlreiche Schafe. Die patagonische Küste und insbesondere Chiloé sind äußerst reich an Meeresfrüchten. Die Ausbeutung der chilenischen Wälder durch die Holz- und Papierindustrie trägt leider ebenfalls bedeutend zu Chiles Reichtum bei.

Die drei Großregionen Patagoniens und ihre wichtigsten Nationalparks

Es bietet sich an, die patagonische Landschaft nicht als eine regionale Einheit zu betrachten,

Ein Kondor zieht seine Kreise.

sondern einzelne Großregionen mit gemeinsamen geografischen Merkmalen gesondert zu behandeln: 1. Das Seengebiet (die südamerikanische Schweiz), 2. Die Andenkette (Nord- und Südpatagonien bis Magallanes), 3. Die Küstenregion sowie die trockene Steppe.

Seengebiet – die argentinische und die chilenische Schweiz

Der Norden Patagoniens trägt den Beinamen ‚südamerikanische Schweiz', der auf die grünen Täler rund um tiefblaue Seen verweist. Kristallklares Wasser, immergrüne Buchenwälder und Vulkane verleihen dem Gebiet zwischen Puerto Montt und Temuco auf der chilenischen, zwischen Bariloche und Zapala auf der argentinischen Seite eine besondere Schönheit, die es – auch wegen der guten Infrastruktur – zu einem beliebten Tourismusziel werden ließ. Im Sommer können die Temperaturen auf über 30 Grad steigen. Das Landschaftsbild und das Klima erinnern an die deutschen oder schweizerischen Alpen. Das ist wohl einer der wesentlichen Gründe, weshalb es ab 1850 viele deutschsprachige Einwanderer in das Gebiet zog.

Der Initiator der deutschen Einwanderungswelle in das chilenische Seengebiet war der Marineoffizier Bernhard Philippi. Er kam 1831, um botanische Studien durchzuführen und verliebte sich in die malerische Landschaft; daraufhin brachte er deutsche Bauern und Handwerker in die Täler zwischen Valdivia und den Llanquihue-See.

Die Neuankömmlinge mussten allerdings zunächst reichlich Regenwald abholzen, bevor sie ihre je 20 Hektar Land beackern konnten. Viele Familiennamen sind deutscher Herkunft und den blonden und blauäugigen Kindern der Re-

Rechts: Patagonien ist weit weg vom Rest der Welt (Punta Arenas).
Unten: Der Vulkan Llaima im Nationalpark Conguillío.

Araukarien vor der Kulisse des rauchenden Vulkans Villarica.

gion sieht man auch heute noch die nordeuropäischen Vorfahren an. Und in den reinlichen Gasthäusern gibt es *kuchen* und *strudel*.

Nördlich des Sees Lago Villarrica, rund um die Stadt Temuco (220 000 Einwohner), befand sich einst das Hauptsiedlungsgebiet der Mapuche. Die Stadt selbst ist unspektakulär, doch von hier aus ist es nicht weit zum Nationalpark Villarrica, der zwischen dem noch aktiven Vulkan Villarrica und dem Vulkan Lanín an der argentinischen Grenze liegt.

Bereits auf argentinischem Territorium, in Neuquén, befindet sich der Parque Nacional Lanín mit dem gleichnamigen Vulkan. Dessen 3776 Meter hohe Gipfel spiegelt sich im Wasser des Lago Huechulafquen. Der Nationalpark soll den Baumbestand des patagonischen Raulí sowie des Pehuén (eine Art Araukarie) schützen und umfasst eine Vielzahl kleinerer und größerer Seen. Im Norden des Parks dominieren urwüchsige Araukarienwälder. Bekannt ist hier insbesondere der Lago Rucachuroi.

In der Bergkette der Sierra Nevada liegt der Nationalpark Conguillío, der uralten Araukarien als geschütztes Reservat dient. Ausgangspunkt für alle Wandertouren ist die türkisgrün schimmernde Laguna Conguillío. In diesem waldigen Reservat eröffnet sich mancherorts unerwartet die Aussicht auf die schneebedeckten Vulkane Llaima und Lonquimay.

Weiter südlich erstreckt sich das Gebiet der *Siete Lagos* (sieben Seen), das mit der gegenüberliegenden argentinischen Seite eine geografische Einheit bildet. In Wahrheit gibt es in dieser

Blick auf die argentinische Schweiz mit dem von Seen umgebenen Hotel Llao Llao.

Landschaft mehr als sieben Seen sowie einige der schönsten Nationalparks.

Bezaubernd ist der Llanquihue-See, vor dessen Ufer der imposante Vulkan Osorno (2652 m) emporragt. Die Orte rund um den See haben deutsche Einwanderer gegründet. Schwarzweiß gefleckte Kühe, Brombeeren und Johannisbeerhecken an ordentlichen Häuschen erinnern an die heimische Landschaft dieser Einwanderer.

In dem Ort Puerto Octay stehen noch viele Häuser aus der deutschen Kolonialzeit. Das kleine Frutillar am See gewann sogar einmal eine Trophäe als schönstes Dorf der Gegend wegen seiner blühenden Gärten und hübschen Häuser mit Schindeldach. In einem der Schwarzwaldhäuschen ist ein Museum zur Erkundung der deutschen Einwanderergeschichte untergebracht.

Weit weniger traditionell bürgerlich präsentiert sich der auf dem Weg nach Puerto Montt (155 000 Einwohner) gelegene Ort Puerto Varas (22 000 Einwohner). In der Stadt hat sich eine alternative Szene mit ausgeprägtem ökologischen Bewusstsein etabliert. Östlich der chilenischen Stadt Osorno (135 000 Einwohner) eröffnet sich ein märchenhafter Südbuchenwald mit landestypischen Coigüe, Ulmen und lorbeerblättrigen Bäumen rund um den Vulkan Puyehue, der diesem Nationalpark seinen Namen gab.

Der Vulkan Osorno ist Hauptdarsteller im ältesten chilenischen Nationalpark Vicente Pérez Rosales, der 1926 gegründet wurde. Benannt ist er nach dem chilenischen Autor und Diplomaten Vicente Pérez Rosales (1807 bis 1886). Wasserfälle und Vulkanlandschaften zwischen dem Lago Llanquihue und dem benachbarten smaragdgrünen See Todos Los

Santos sind nur einige Besonderheiten des insgesamt 2500 km² großen Naturparks. Neben Urwald und von versteinerter Lava überzogener Erde bietet hier fruchtbares Farmland die wirtschaftliche Grundlage für einheimische Familien.

Der bedeutendste Nationalpark auf argentinischer Seite des Seengebietes ist der Nationalpark Nahuel Huapi (zu deutsch: Auge des Tigers), benannt nach dem gleichnamigen See, an dessen Ufer sich auch die Stadt Bariloche befindet. Auf einer Halbinsel, die in den See hineinragt, befindet sich der weltweit einzigartige Myrtenwald „Los Arrayanes". Angeblich soll Walt Disney hier bei einem Besuch in den 30er-Jahren des letzten Jahrhunderts die Idee zu ‚Bambi' gehabt haben.

Die insgesamt 5570 km² umfassende Region besteht aus von Regenwald bedeckten Tälern, tiefblauen Seen und Lagunen sowie Felsgipfeln und schneebedeckten Bergen; sie soll zu den schönsten Gebieten Südamerikas gehören.

Der höchste Gipfel ist der Cerro Tronador (3478 m). Eine beliebte Wandertour durch den Nahuel Huapi Park startet in Bariloche und führt durch dichte Wälder entlang des Gletscherflusses Río Frías über einen Pass, den Paso de las Nubes, zu dem Ort Pampa Linda.

Die patagonische Andenkette – Vulkane und Gletscher

Die nördliche patagonische Andenkette verläuft südlich von Bariloche bis zu dem auf der argentinisch-chilenischen Grenze gelegenen See Lago Buenos Aires, der in Chile General Carrera genannt wird. Südlich davon liegen die patagonischen Südanden. Auf der chilenischen Seite tau-

Sturm über dem Lago Huechulafquen.

chen die westlichen Küstenkordilleren bei Puerto Montt in den Pazifik und setzten sich als zerklüftete Fjordlandschaften bis Feuerland fort.

Die Kordilleren ragen im Norden Patagoniens fast 3000 Meter über den blaugrün schimmernden Andenseen auf. Die Gebirgskette erstreckt sich mit Vulkanen und schneebedeckten Gipfeln über 1500 Kilometer bis zum Cerro Balmaceda auf der Höhe von Puerto Natales, wo sie im Meer versinkt und sich als aus dem Meer auftauchende Inseln und Felsen in Richtung Feuerland fortsetzt.

Der nördlichste Nationalpark in den patagonischen Anden, etwa auf der Höhe von Temuco und Neuquén, ist die Laguna del Laja, eine wüstenhafte, von Lavaströmen überzogene Landschaft rund um den fast 3000 Meter hohen Vulkan Antuco. Im Mittelpunkt befindet sich die große Laguna de la Laja,

die erst im 19. Jahrhundert durch einen Vulkanausbruch entstanden ist. Der See schlängelt sich über zahlreiche Fjorde in die Anden hinein.

Bevor die chilenische Carretera Austral ihr Ende in Villa O'Higgins erreicht, breitet sich westlich die Lagune San Rafael aus, östlich liegt der Lago Buenos Aires. Dieser See ist der zweitgrößte Südamerikas. Nimmt man die chilenische und argentinische Hälfte zusammen, so ergibt sich eine Fläche von insgesamt 1840 km². Das stellt sogar den Titicacasee in Bolivien und Peru in den Schatten. Eine Sonderstellung im nördlichen chilenischen Andengebiet genießt die Insel Chiloé, die nach Feuerland die zweitgrößte Insel des Subkontinents ist. Sie liegt am Ende der Autobahn Panamericana an der chilenischen Pazifikküste. Trotz ihrer Lage im Ozean, zählt die Halbinsel rein geografisch zu den patagonischen Anden, da gleich südlich von Chiloé die chilenischen Küs-

Folgende Doppelseite: Der Gletscher Perito Moreno schiebt sich auf einer Breite von 4 km in den Lago Argentino. Seine Abbruchkante ist bis zu 70 m hoch.
Unten: Der Rangerposten von Puerto Canoa im Nationalpark Lanín.

Sonnenaufgang am Refugion Otto Meiling, einer Hütte für Wanderer am Cerro Tronador.

tenkordilleren verlaufen und die sogenannte ‚zona austral' beginnt.

Chiloés Bewohner sind stolz auf ihre lange Tradition und ihre eigenständige Geschichte; so hielten sie als letzte Bastion bis 1826 den Spaniern die Treue. Schöne alte Holzkirchen mit Schindeldach, Mythen und Legenden, zum Teil noch von den Mapuche-Indianern, verleihen dieser Insel einen magischen Charme.

Außerdem ist sie reich an Folklore – der chilenische Nationaltanz *cueca* stammt aus dieser Gegend. Die 210 Kilometer lange und 80 Kilometer breite Insel ist sehr dünn besiedelt, was sie umso geheimnisvoller wirken lässt. Dazu steuert auch die Natur bei: sanfte grüne Hügel und Fjorde, die häufig von Nebel und Regen bedeckt sind.

Die eigentlichen Ureinwohner Chiloés waren die vom Fischfang lebenden Chonos. Diese wurden jedoch von den Mapuche, vor Ankunft der Spanier, verdrängt. Der Baumbestand Chiloés ist leider durch Abholzung stark reduziert worden. Die Alerce gibt es gar nicht mehr, heimische *canelos, ciruelos* und *arrayanes* dienen meist zur Möbelherstellung.

Chiloé Meeresfauna ist geprägt von einer beachtlichen Vielfalt – Muscheln, Austern, Lachs und vieles mehr zählen dazu. Sehenswert ist die hübsche alte Hauptstadt Castro (33 000 Einwohner) – sie wurde 1567 als dritte chilenische Stadt nach Santiago und La Serena gegründet. Anziehend ist auch der Ort Ancud (28 000 Einwohner). Diese Provinzstadt ist das Eingangstor zur Insel und erlebte ihre Blüte im 18. und 19. Jahrhundert, als Wal- und Robbenfänger hier Station machten.

Südlich des Seengebiets bis zum Lago Buenos Aires/General Carrera verläuft der vielleicht unerschlossenste Teil der patagonischen Andenkette. Wanderer und Alpinisten können hier noch auf viele unbekannte Gebiete stoßen. Auf der chilenischen Seite führt die Carretera Austral über den Ort Cohaique in die Gebirgs-

region – allerdings über holperige Wege, die das Dickicht des chilenischen Regenwaldes überwuchert. Die Gipfel des Gebirgsmassivs übersteigen selten 3000 Meter, sodass sich der Regenwald auf der argentinischen Seite fortsetzt. Der wichtigste Berg der Region ist der Cerro Castillo, über dem Tal des Río Ibáñez.

In den südpatagonischen Anden liegt das größte zusammenhängende Eisfeld außerhalb der Polarregionen. Mehr als 18 000 km^2 der Kordilleren sind vom ewigen Eis bedeckt (in den Alpen bedecken die Gletscher eine Fläche von 3500 km^2). In Südamerika wird diese Eisdecke mit erheblichen

Höhenunterschieden zwischen weiten Hochebenen und schmalen Korridoren als *hielo conti-
nental* (Kontinentaleis) bezeichnet. Richtung
Osten und Westen fließen die Ausläufer der
Gletscher in die Seengebiete und Fjorde der
Region. Ein Fjord namens Bakerkanal trennt das
nördliche vom südlichen Inlandeis.

Im *Campo de Hielo Norte*, das vollständig in
Chile liegt, erreicht das mächtige Massiv des
Cerro San Valentin eine Höhe von 4058 Metern.
Von dem am Südufer des Lago Argentino gelege-
nen Ort Calafate aus erreicht man gut den Natio-
nalpark Los Glaciares, dessen Höhepunkt der

Gletscher Perito Moreno ist. Seine Eiswand ist bis
zu 60 Meter hoch; sein Nährgebiet ist das Campo
de Hielo Sur. Obgleich der größte Einzelgletscher
der Upsala ist (595 km²), wird die Gletscherzunge
des Perito Moreno weitaus mehr bestaunt.

Ein besonderes Szenario spielt sich ab, wenn die
Eismassen ‚kalben‘. Das geschieht, wenn der
Gletscher innerhalb von mehreren Monaten so
stark gewachsen ist, dass er den südlichen Arm
des Lago Argentino verriegelt. Dann bricht mit
lautem Getöse eine Eiswand zusammen und
stürzt ins Wasser. Mit zunehmender Erderwär-
mung wird dieses Schauspiel seltener.

Der zum Campo de Hielo Norte gehörende Gletscher San Rafael, auf der chilenischen Seite, lässt Besucher weitaus länger auf seine Kataklysmen warten.

Inmitten endloser, unberührter Wälder führt der Weg durch die Fjorde bei Puerto Chacabuco zu der berühmten Lagune San Rafael. Hier wälzen sich die Eismassen vom 4000 Meter hohen Cerro San Valentin herab.

Am südlichen Eisfeld (Campo de Hielo Sur) zieht sich die Hauptkette der vorgelagerten Granitmassive des Fitz Roy und des Cerro Torre – und in Chile der Torres del Paine – entlang. Der argentinische Fitz Roy (3405 m) verdankt seinen Namen dem Kapitän Robert FitzRoy, der das Schiff lenkte, auf dem Charles Darwin einst seine Forschungsreise antrat.

Der Cerro Torre gleicht einer riesigen Nadel und fordert nur die kühnsten Bergsteiger heraus, denn er ist äußerst steil und wird von eisigen Stürmen umweht. Die meisten Bergsteiger kehrten lange vor der Besteigung des Gipfels geschlagen heim. Der Italiener Cesare Maestri behauptete, 1958 als Erster den Berg bezwungen zu haben (gemeinsam mit seinem Freund Toni Egger, der dabei

Unten: Haushohe Séracs brechen immer wieder vom Glaciar Perito Moreno ab. Ein faszinierendes Schauspiel.
Rechts: Das mächtige Massiv des Cerro Torre, unweit vom Nationalpark Torres del Paine, ragt purpurrot in den bleiernen Himmel.

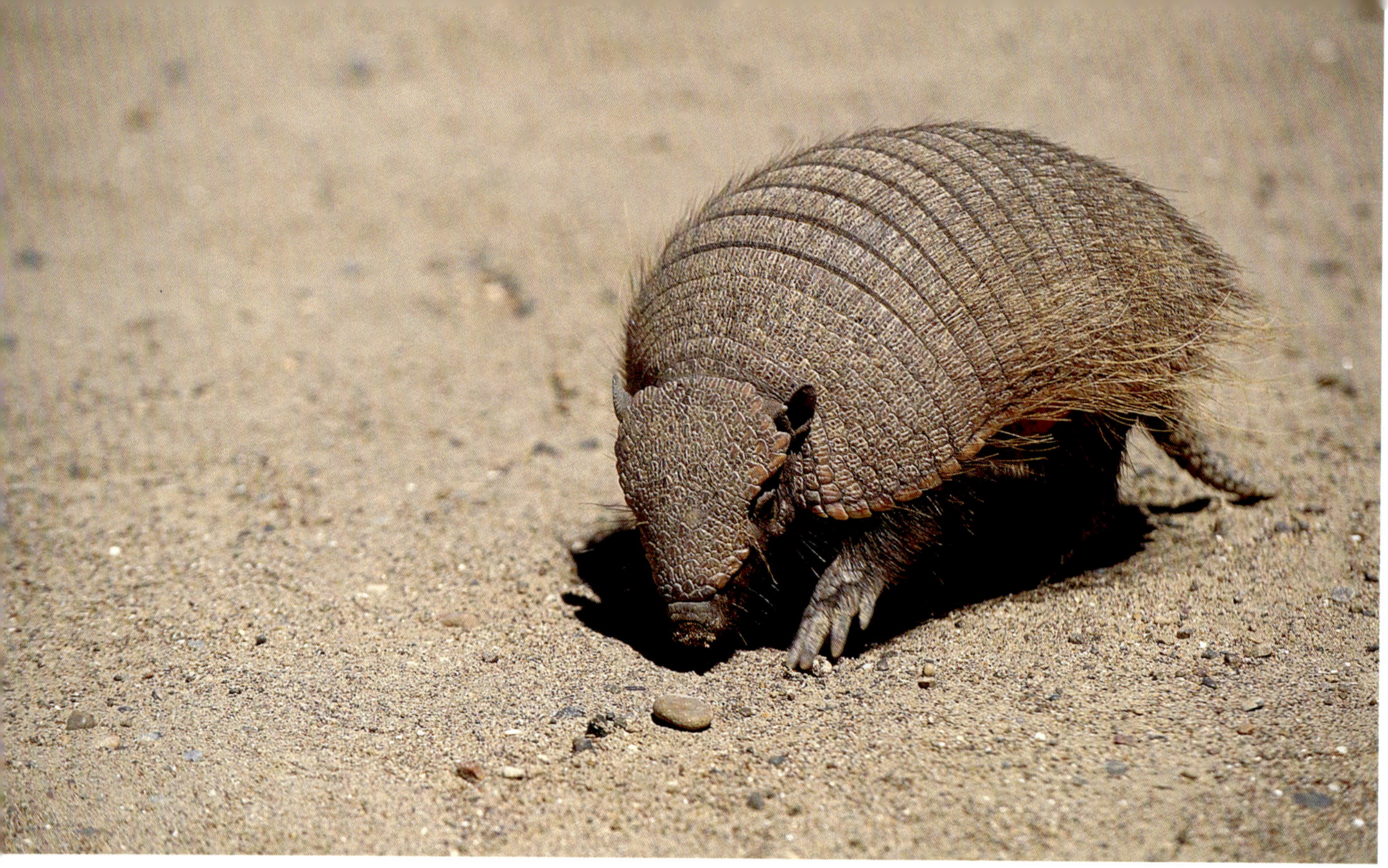

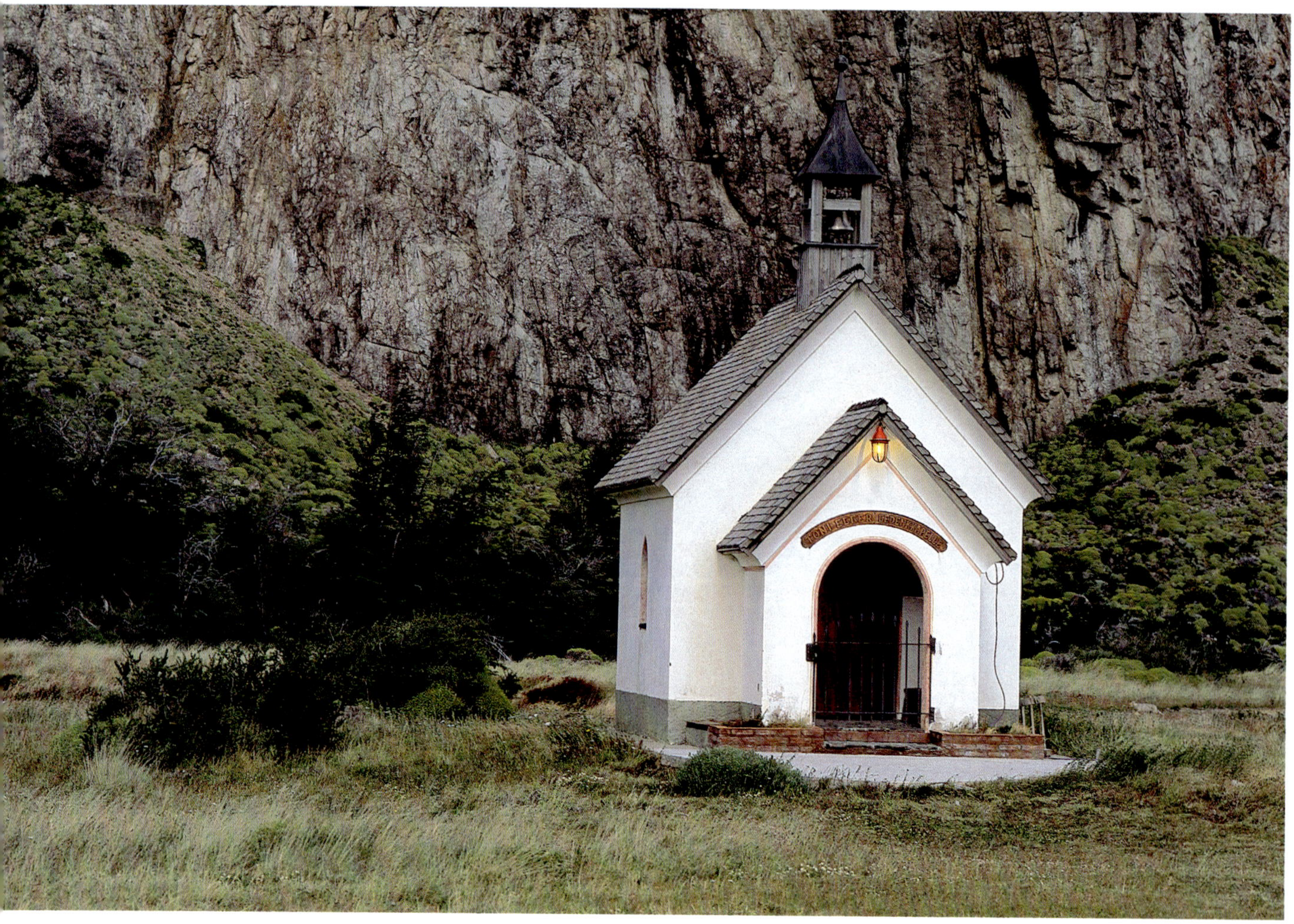

ums Leben kam), geriet aber in Beweisnot und erntete viel Spott.

Tatsächlich bewiesen wurde bisher nur die Besteigung durch eine italienische Klettergruppe um Casimiro Ferrari. Den meisten Besuchern genügt bereits der faszinierende Anblick der beiden steil aufragenden Berggipfel aus der Ferne. Am besten nähert man sich ihnen von dem kleinen Ort Chaltén aus, der noch den ursprünglichen Tehuelche-Namen des später Fitz Roy benannten Berges trägt.

Das chilenische Biosphärenreservat Torres del Paine, nördlich von Puerto Natales, gewährt einen Einblick in die geschützte Tier- und Pflanzenwelt des patagonischen Südens. Zwischen den blaue Beeren tragenden Calafate-Sträuchern, türkisgrünen Seen und Wasserfällen ziehen Pumas, Guanakos, Nandus sowie sehr scheue Huemules, eine patagonische Hirschart, umher. Schwarzwildenten, Ibisse und Reiher tummeln sich an den Gewässern.

Auch der Nationalpark Torres del Paine ist von Eismassen geprägt, der Grey-Gletscher gehört zum Campo de Hielo Sur. Die ‚Torres' (Türme) des Nationalparks sind drei Felsmassive – Torre Sur, Torre Central, Torre Norte. Sie sind auch als die ‚Drei Zinnen' Südamerikas bekannt. Die land-

Links oben: Ein Gürteltier streift durch die trockene Steppe.
Links unten: Die kleine Gedächtniskappelle erinnert an den tragisch verunglückten Bergsteiger Toni Egger.
Unten: Farm in Dos Bahías.

Oben: Das Schiffswrack an der Küste von Comodoro Rivadavia kündet von manch einem Abenteuer.
Folgende Doppelseite, links: Durch den Wind gezeichnet krümmt sich der Baum.

schaftliche Vielfalt dieses Parks macht ihn zu einem der beliebtesten touristischen Ziele Südamerikas.

Weiter nördlich im chilenischen Patagonien erreicht man auf der Höhe des Ortes Chaitén den Parque Pumalín, den der US-Amerikaner Douglas Tompkins gestiftet hat. Die 300 000 Hektar chilenischen Regenwaldes besitzen seit 2005 den Status eines Nationalparks, allerdings sind nicht alle Gebiete dieses größten privaten Naturreservates begehbar.

Die patagonische Steppe bis zur Atlantikküste

Zwischen den Anden im Westen und der Atlantikküste im Osten erstreckt sich die patagonische Steppe. Diese Halbwüste macht etwa drei Viertel des patagonischen Gebietes aus und bildet eine wichtige Funktion des Ökosystems. Die flachen, nur von Gräsern und Gestrüpp bewach-

senen Ebenen vermitteln den Eindruck endloser Weite unter einem grenzenlosen Himmel, dessen Anblick sich ständig wandelt.

Tatsächlich ist diese ‚Pampa' aber ein genau eingeteilter Distrikt: Zäune grenzen 10 000 bis 200 000 Hektar große Grundstücke ein, auf denen herrschaftliche Gutshäuser stehen (*estancias*), zu denen von Pappeln gesäumte Alleen führen. Rund 20 Millionen Schafe weiden hier; einst brachten sie großen Reichtum und noch immer sind die Herden ertragreich, wenngleich die Exportpreise für Wolle gesunken sind. Die weiten Steppen der Provinzen Neuquén, Río Negro und Chubut sind extrem dünn besiedelt; in Santa Cruz kommt gerade mal ein Einwohner auf einen Quadratkilometer.

Die größeren Städte und Industriezentren der argentinischen Provinzen Neuquén, Río Negro, Chubut und Santa Cruz liegen alle in der Nähe der Atlantikküste. Allerdings bringen es die

Oben: Kleine Magellanpinguine tummeln sich an der patagonischen Küste.
Folgende Doppelseite, rechts: In der Mittagssonne dösen friedlich die Seelöwen.

wichtigsten Zentren zumeist nur auf die Einwohnerzahl einer Kleinstadt.

Die Erdöl-Metropole Comodoro Rivadavia bringt es auf 140 000 Einwohner, die Provinzhauptstadt von Santa Cruz, Río Gallegos, zählt 80 000 Einwohner. Ein ausgeprägt kulturelles Flair oder berühmte Sehenswürdigkeiten sucht man hier vergebens – die Natur steht im Vordergrund.

Bemerkenswert sind allein die Flüsse, die von den Anden durch die trockene Steppe fließen und in den Atlantik münden. So etwa der Río Chubut, der Río Deseado sowie der Río Pinturas, an dem auch die berühmte *Cueva de las Manos* gelegen ist.

Eine Sonderstellung hat sich die Península Valdés erobert, eine Halbinsel, die eines der wichtigsten Gebiete einer abwechslungsreichen Meeresfauna darstellt. Die Península Valdés und das südlich auf dem Festland gelegene Punta Tombo sind die reinsten Tierparadiese.

Vor der Küste der Halbinsel Valdés treffen Mitte Juni bis Mitte Dezember rund 13 Meter lange Südkaper (Glattwale) zur Paarungszeit ein und den ganzen Sommer über ziehen schwarzweiße Orcas auf der Suche nach Nahrung durch die Gewässer. Auf dem Speiseplan steht auch mal ein Seelöwe, der mit seinen Artgenossen und zahlreichen tonnenschweren See-Elefanten an der Punta Norte der Halbinsel lebt.

Südlich von Valdés liegt Punta Tombo, ein großer Tummelplatz für Magellanpinguine, die hier ihre Jungen aufziehen. 700 000 Vögel haben hier ihr Nistrevier und bilden damit die größte Pinguinkolonie auf dem südamerikanischen Festland. Weiter südlich existieren noch weitere große Kolonien, die bedeutendsten sind bei Camarones – Dos Bahias genannt – und am südöstlichsten Punkt des argentischen Festlandes, Cabo Virgenes. Etwas nördlich von Rio Gallegos existiert noch der einzige Nationalpark an der patagonischen Ostküste, Monte Leon.

Patagonien

FEUERLAND –
TIERRA DEL FUEGO

Geografie

Die Insel Feuerland ist vom patagonischen Festland durch eine Meerenge mit dem Namen Magellanstraße getrennt. Tatsächlich setzt sich der 73 500 km² umfassende Archipel aus einer großen Hauptinsel – Isla Grande de Tierra del Fuego (47 000 km²) – sowie diversen kleineren Felsinseln zusammen, die sich, zerfurcht von zahlreichen Kanälen und Fjorden, bis kurz vor die Antarktis hinziehen. Die meisten dieser Inseln sind unbewohnt und nicht einmal richtig kartografiert. An der südlichsten Spitze, Kap Hoorn, fließen Atlantik und Pazifik zusammen.

Wie Patagonien gehört *Tierra del Fuego* teils zu Argentinien (21 363 km²), teils zu Chile. Der klimatische Gegensatz zwischen Ost und West in den Anden wandelt sich auf Feuerland in einen Nord-Süd-Gegensatz ab, da die Andenkordille-

Links: Selten dauert eine Schönwetterperiode in Ushuaia so lange, dass Autos eine Staubfahne entwickeln.
Unten: Blick auf den Agostini-Fjord, in den über zwölf Gletscher fließen.

Ockergelb, bordeauxrot und dunkelgrün präsentieren sich die Moore Feuerlands.

ren hier, an der südlichsten Spitze des amerikanischen Kontinents, in einem Bogen verlaufen; so ist der Süden mit Bergen von bis zu 2500 Metern Höhe äußerst regnerisch, nach Norden hin lassen die Niederschläge rasch nach.

Die von Winden und Trockenheit beherrschte patagonische Steppenlandschaft setzt sich im Norden der Insel fort. Der Süden ist geprägt von den deutlich flacheren Ausläufern der Andenkordilleren (höchste Erhebungen um 2500 m). Feuchte, kalte Regenwälder und Moorlandschaften bedecken die Erde. Die meisten Niederschläge fallen im Westen, bis zu 6000 mm im Jahr.

Feuerland liegt bereits in der subantarktischen Zone, das Klima ist maritim-kühl, die sommerlichen Temperaturen liegen selten über 20 Grad; im Winter sind minus 15 Grad keine Seltenheit. Bei diesem Klima ist die Pflanzen- und Tierwelt nicht so artenreich wie in tropischen Zonen, dennoch ist Feuerland ein Habitat für viele Tiere und eigentümlich schöne Pflanzen. Bekannt sind zum Beispiel die Calafate-Sträucher, deren blaue Beeren sehr wohlschmeckend sind. Eine Legende besagt, wer von ihnen koste, werde stets an das schönste Ende der Welt zurückkehren. Charakteristisch sind die runden gelben und roten chinesischen Laternen, eine Art Baumschmarotzer, sowie die epiphytenartige *barba de viejo* (Altmännerbart). An den Bäumen wuchert der essbare Darwin-Pilz *llao llao*.

Noch unberührt und landschaftlich besonders ansehnlich sind die Darwin-Kordilleren der Südanden. Deren zentral gelegene Gipfel (der höchste Berg ist der Monte Darwin mit 2488 m) sind im Sommer wie im Winter verschneit, dicke Eisschichten bedecken die Hochebenen, türkisblaue Gletscherzungen ziehen sich in die felsigen Fjorde hinein. Im Westen erheben sich die impo-

Magellanpinguine findet man in ganz Patagonien und Feuerland.

santen Gipfel des Monte Sarmiento (2300 m) sowie des Monte Buckland (1700 m).

In den einsamen, von Fjorden und Kanälen durchfurchten Gebirgszügen der Darwin-Kordilleren ist die ursprüngliche Flora und Fauna noch überwiegend intakt. Immergrüne kalte Regenwälder ziehen sich an den Ufern entlang, auf den Felsen dösen Seelöwen und See-Elefanten, auf den Inseln spazieren Pinguine. In den Kanälen versammeln sich Delfine und andere Walarten, auf den Klippen der auslaufenden Gebirgszüge landen Kormorane, Albatrosse und Magellangänse.

Die Wälder im Süden Feuerlands bestehen überwiegend aus Südbuchen (Lenga, Ñire, Cohihue) sowie aus Nadelbäumen, die an die Stelle der abgeholzten Südbuchen gepflanzt wurden. Dazu gehören Fichten, Zypressen, Kiefern und Zedern – sogenannte Nutzhölzer. Von den größeren

Landsäugetieren kann man hauptsächlich und grazile Guanako sowie Feuerland-Füchse entdecken. An den Küsten ist die Tierwelt besonders reich, allein 27 Walarten kehren regelmäßig in die Gewässer vor Feuerland zurück.

Hinter Kap Hoorn, dem südlichsten Zipfel des amerikanischen Kontinents, führt die Drake Passage zur Antarktis. Von Chile aus sind es nur 400 Seemeilen bis zu der antarktischen Halbinsel. Dieses Territorium wird von vielen Nationen umworben, da es reich an Bodenschätzen ist. Bis jetzt besteht der Beschluss, die Ressourcen unberührt zu lassen.

Geschichte

Spuren menschlicher Besiedlung auf Feuerland reichen bis etwa 10 000 v. Chr. zurück, wie archäologische Ausgrabungen ergaben. Es wird angenommen, dass Ureinwohner aus Santa Cruz und Südchile nach der letzten Eiszeit bis in den Süden Feuerlands vorstoßen konnten.

Zur Zeit der europäischen Besiedlung Patagoniens stießen die Eroberer Feuerlands ab 1860 auf drei bedeutende indianische Stämme, die auf dem Archipel lebten. Zum einen waren das die Yamaná, die entlang des Beagle-Kanals ihre Heimat hatten. Sie waren Nomaden, überwiegend mit Kanus aus Baumrinden auf dem Wasser unterwegs, um Muscheln und Fische zu fangen. Auch Seelöwen zählten zu ihrer Beute, deren Fettschicht sie sich zunutze machten. Die Yamaná waren trotz der stets kühlen Temperaturen überwiegend unbekleidet unterwegs. Sie schützten ihre Haut vor der Kälte, indem sie sich mit dem Fett von Robben und Walen einrieben und hielten stets zahlreiche Feuerstellen aktiv. Ihre Hauptnahrungsquelle

waren Schalentiere, von denen etwa 130 verschiedene Sorten im Beagle-Kanal zu finden sind. Noch heute erinnern an einigen Stellen große Muschelschalenhaufen an die Essgewohnheiten der Ureinwohner.

Die Kältesteppen im Norden der Insel bewohnten die Selk'Nam (auch Ona genannt). Diese nomadischen Jäger ernährten sich vorwiegend von Guanako-Fleisch, dennoch standen auch bei ihnen Fische und Meeresfrüchte auf dem Speiseplan. Im heutigen chilenischen Teil Feuerlands lebten an beiden Ufern der Magellanstraße entlang die Alkaluf-Indianer. Da sich ihr Siedlungsgebiet über mehrere kleine Inseln erstreckte, waren auch diese Kanu-Nomaden überwiegend mit dem Boot unterwegs.

Die Indianer Feuerlands hatten zunächst das Glück, selbst nach der Entdeckung des Archipels

Immergrün und märchenhaft wirkt der Wald in Feuerland.

durch die Spanier noch eine Weile unbehelligt weiterleben zu können. Als 1520 der portugiesische Seemann Fernando de Magallanes die Meerenge zwischen dem südamerikanischen Festland und Feuerland entdeckte – und dieser oft von Stürmen heimgesuchten Wasserstraße seinen Namen gab – sahen er und seine Truppe zwar die Lagerfeuer der Yamaná, hatten jedoch wenig Interesse, das karge und abweisende Land zu betreten. Ihr Augenmerk lag allein auf der Entdeckung der Wasserstraße. Als Magellan den aufsteigenden Rauch der indianischen Feuerstellen sah, taufte er die Insel auf den Namen *Tierra del Humo* (Land des Rauchs), woraus erst später Feuerland wurde.

Dabei ist nicht sicher, woher Magellan die Gewissheit hatte, die Meerenge an jener Stelle ausfindig zu machen. Nach den Aufzeichnungen seines Bordchronisten Antonio Pigafetta soll

Magellan auf einer Weltkarte des Nürnberger Kartografen Martin Behaim bereits eine Meerenge an der südlichen Küste Südamerikas erblickt haben, auf deren Suche er sich mit seiner Flotte begab – in der Hoffnung, bis zum Pazifik vorzudringen. Dennoch war es eine Reise ins Ungewisse, die er selbst nicht überleben sollte. Fünf Schiffe segelten unter seinem Kommando im Auftrag von Kaiser Karl V., der sich erhoffte, an der Südspitze des Festlandes eine Wasserstraße nach Hinterindien zu finden.

Die entscheidende Entdeckung an der Südspitze des amerikanischen Kontinents gelang allerdings erst 1615 dem Niederländer Willem Schouten, als dieser eine von Stürmen und Kälte heimgesuchte Passage im äußersten Süden Feuerlands fand, die tatsächlich einen Seeweg vom Atlantik in den Pazifik eröffnete. Er nannte sie nach seinem Heimathafen Kap Hoorn. Dieser neu

Die meisten Berge Feuerlands sind unbenannt und unerschlossen.

gewonnene Weg vereinfachte die Erkundung der Westküste Amerikas erheblich. Die Passage um Kap Hoorn wurde zu einer wichtigen Handelsroute nach Valparaíso oder Lima.

Ab 1848 avancierte Kap Hoorn zu einer der wichtigsten Routen auf dem Weg nach Kalifornien. Nachdem an der Westküste der USA Gold gefunden worden war, zog es Tausende Abenteurer und Goldgräber nach Kalifornien. Erstaunlicherweise erwies sich der Weg per Schiff um den südlichsten Zipfel Südamerikas herum als der schnellste. Weitaus mühsamer zeigte sich der Landweg von New York nach Kalifornien, und die Reise durch den Isthmus von Panama und durch Mexiko war riskanter als das sturmumtoste Kap Hoorn – allein wegen der tropi-

schen Krankheiten, die den Europäern dort zusetzten.

Schoutens Begleiter und Kommandant auf seinem Schiff war der niederländische Seefahrer Jacob Le Maire. Er entdeckte südlich von Feuerland eine Passage zur *Isla de los Estados* (Stateninsel). Er nannte sie Le Maire-Straße, zu Ehren seines Vaters Isaac, der vorausgesagt hatte, dass es eine Meerenge südlich von Feuerland geben müsse, die es den Handelsschiffen erspare, die gefährliche Magellanstraße entlang segeln zu müssen.

Die Stateninsel, ein von einsamen Wäldern und Gebirge bedecktes Eiland, steuerten bereits die Yamaná an, um Muscheln zu sammeln und Rob-

Rechts: Am Hafen von Ushuaia steht das Schiff zur Abreise bereit.
Unten: Ein Kupferstich von Johann Theodor de Bry mit dem Titel: *Wilhelm Schoutens Abfahrt in die Südsee.* (1619).

ben zu fangen. Noch heute ist es eine Robben- und Seevögel-Kolonie.

1829 und 1834 bereiste auch der Naturforscher Charles Darwin die Gewässer um Feuerland auf einem Schiff mit dem Namen Beagle, unter dem Kommando des Kapitäns FitzRoy. Die Galionsfigur des Schiffes (ein Beagle-Hund) gab der Wasserstraße südlich der *Isla Grande* den Namen, auf der Darwin auch die Ureinwohner Yamaná zu sehen bekam. Er beschrieb sie als „elende Kreaturen" und mokierte sich über ihre Sprache.

Später befasste sich Darwins Landsmann, Thomas Bridges, mit der Erforschung dieser Indianerkultur und konnte die Vorurteile aus dem Weg räumen. Den britischen Missionar trieb es mehrmals in den von Klippen zerfurchten Beagle-Kanal, wo er bereits in jungen Jahren auf den Spuren der Ureinwohner unterwegs war. Das erste Mal bekam er sie 1856 zu Gesicht, als er, gerade einmal 13-jährig, seinen Vater auf einer Expedition begleitete. Später ließ er sich am Beagle-Kanal nieder und studierte mit viel Geduld die Sprache der Yamaná.

1886 gründete er das erste Gutshaus Feuerlands, die *Estancia Haberton*, in der er sich der Aufgabe widmete, ein Wörterbuch für Englisch und Yamaná anzufertigen. Seine umfangreiche Enzyklopädie (sie beinhaltet insgesamt 32 430 Begriffe) wird heute im Britischen Museum in London aufbewahrt. Sie offenbart, dass sich die Yamaná mit einem ungewöhnlich reichen Wortschatz auszudrücken verstanden. Vor allem Verben konnten sie mit prä- und suffixartigen Ergänzungen subtil verändern, sodass sie dadurch unendlich viele verschiedene Sachverhalte, Gemütszustände oder abstrakte Vorstellungen

Berühmter Leuchtturm am Beagle-Kanal.

zum Ausdruck bringen konnten. So unterschieden sie etwa bei dem Vorgang des Beißens allein anhand eines Verbs Nuancen wie ‚zart in etwas hineinbeißen‘, ‚abbeißen, um es in große Stücke zu zerteilen und an andere verteilen‘ oder ‚ein anderes Lebewesen zur Abschreckung beißen‘. Darüber hinaus wies die Sprache komplexere Differenzierungen in ihrer Prosodie auf, als es Bridges von europäischen Sprachen gewohnt war.

Am Anfang konnte der junge Forscher recht ungestört unter den Indianern leben; bis etwa 1860 blieb das Festland von Feuerland für Europäer uninteressant. An den Küsten entstanden dann aber erste kleine Hafenstädte, Zwischenstationen für Seeleute sowie für Wal- und Robbenfänger. Andere blieben zwangsweise dort, als Überlebende eines Schiffsunglücks.

Porvenir, im chilenischen Westen der Insel, wurde Ende des 19. Jahrhunderts zu einer Metropole für Goldgräber. Aber erst als Engländer und Schotten das Land als geeignet für Schafweiden entdeckten, wurde das Territorium rasch auf einige wenige, riesige *estancias* verteilt. Viele der neuen Besitzer waren zuvor mit Großgrundbesitz in Patagonien zu einem Vermögen gekommen, sodass hier die gleichen Namen wie Menéndez, Braun, Nogueira etc. auftauchen. Von jenem Zeitpunkt an war das Schicksal der Ureinwohner besiegelt. Von den britischen Falklandinseln stammten die ersten nach Feuerland importierten Schafe: Das Corriedaleschaf ist eine Kreuzung aus Merino und Langwolle.

Ab 1879 ließ auch die chilenische Regierung Feuerland von dem Marineleutnant Ramón Serrano Montaner auf seine wirtschaftliche Nutzbarkeit hin prüfen, woraufhin eine syste-

Einsame Farm in der Nähe des Beagle-Kanals.

Herbstfarben im Valle Lovisato im Westen Feuerlands.

matische Kolonisierung des chilenischen Territoriums und die Ausrottung der einheimischen Alkalufes folgten. Erst in den 1960er-Jahren wurden die feudalen *hacenderos* von der Regierung aufgefordert, Teile ihrer Landstriche an Kleinbauern zu verteilen.

Kultur

Auf Feuerland können Exkursionen per Schiff und Kreuzfahrten als Erkundungstouren mit kulturellem Anstrich im weiteren Sinn betrachtet werden. Schon die Ureinwohner, die Yamaná, lebten überwiegend auf dem Schiff. Auch die

europäische Entdeckungs- und Besiedlungsgeschichte des Archipels ist nicht ohne große Schiffsflotten denkbar.

Es verkehren regelmäßig Fähren, Segelyachten sowie Luxusschiffe durch die Wasserstraßen zu den einzelnen Inseln, zum Kap Hoorn, nach Falkland, sogar bis zur Antarktis. Die verschiedenen Kreuzfahrtunternehmen kombinieren meist ein kulturelles Programm auf dem Wasser mit Vorschlägen für Landausflüge. Zum einen kann der Reisende vom Wasser aus die Spuren der Ureinwohner verfolgen, zum anderen kann er sich die europäische Besiedlungsgeschichte veranschaulichen. Außerdem präsentieren sich

Oben: Séracs eines namenlosen Gletschers im Brookes-Fjord.
Folgende Doppelseite: Sturm im Beagle-Kanal, im Hintergrund der Monte Olivia bei Ushuaia.

auf diese Weise die Naturschönheiten des Archipels. So sind auch die faszinierenden, im Bogen von Westen nach Osten verlaufenden Darwin-Kordilleren am besten vom Wasser aus zu erreichen. Schon Charles Darwin notierte angesichts des Monte Sarmiento an der Ostküste, dies sei „das erhabenste Schauspiel Feuerlands" (in: „Reise um die Welt 1831-36").

Die sehenswerteste Stadt auf Feuerland ist Ushuaia, Argentiniens südlichste Metropole und Hauptstadt der Provinz Tierra del Fuego, deren Namen in der Sprache der Yamaná so viel bedeutet wie ‚die Bucht, die nach Osten blickt'. Tatsächlich hat Ushuaia eine traumhafte Lage:

Am grünen Wasser des Beagle-Kanals gelegen, eröffnet sich vom Hafen aus der Blick auf die weißen Berggipfel des Cerro Martial, des Monte Olivia sowie der Cinco Hermanos.

Ende der 80er-und Anfang der 90er-Jahre war das am Beagle-Kanal gelegene Ushuaia eine Art Szene-Treffpunkt, dessen Einwohnerzahl innerhalb von zehn Jahren um rund 40 Prozent auf 50 000 anwuchs – trotz der hohen Lebenshaltungskosten. Nun war die Stadt, wie die restliche Insel, zu jener Zeit auch ein Steuerparadies.

Neben Ingenieuren und Unternehmern kamen viele Studenten, um sich an der *Universidad*

Feuerland

Ushuaias Hafen in den frühen Abendstunden.

Nacional de la Patagonia San Juan Bosco einzuschreiben. Ushuaias Flaniermeile Avenida San Martín wartet mit Pubs, Boutiquen und edlen Restaurants auf, in denen Gourmet-Speisen wie frisch gefangene *centollas* (Seespinnen) oder Wolfsbarsch serviert werden.

Von Ushuaia aus starten viele Schiffsrundreisen; ihre Nähe zum Nationalpark *Tierra del Fuego* macht sie zudem als Basislager für touristische Ausflüge sehr attraktiv. Das Zentrum von Ushuaia prägt eine Mischung aus kleinen Hochhäusern und Wellblechhütten, etwas weiter außerhalb stehen noch charmante alte Holzhäuser mit bunt bemalten Wellblechdächern, teils im skandinavischen oder russischen Stil erbaut. Nur am Stadtrand breiten sich Wohnviertel mit anonymen Betonklötzen aus. Sehenswert ist das *Museo del Fin del Mundo*, das sehr originell die kulturhistorischen Besonderheiten am Ende der Welt illustriert: Von alten Fotografien ausgestopfter Tiere bis zu Anzügen ehemaliger Sträflinge findet sich in

einem der ältesten Häuser der Stadt alles Erdenkliche über Kultur und Natur der Insel.

Das Gebäude des ehemaligen Gefängnisses (*presidio*) von Ushuaia erinnert daran, dass viele der ersten Einwohner um 1900 als Sträflinge auf die Insel kamen. Die Bedingungen für Häftlinge waren sehr hart, was noch unschwer an den kleinen düsteren Zellen des *Presidio* zu erkennen ist. Seit 1947 ist das Gefängnis aufgelöst worden und das Gebäude beherbergt stattdessen das *Museo Marítimo*, mit Ausstellungen zur Geschichte der Seefahrt auf Feuerland. Besonders interessant sind die Dokumente des Pioniers Alberto Agostini. Dessen Schilderungen in dem 1924 erschienenen Buch ‚Zehn Jahre im Feuerland' können noch heute sehr aufschlussreich sein, sollte man es wagen, auf eigene Faust die Landschaft zu erkunden.

Von Ushuaia aus ist es nicht weit (ca. 65 km) zur *Estancia Haberton*, Feuerlands ältester Viehfarm. Die *estancia* erbaute der Linguist und

Der „Zug am Ende der Welt" fährt durch die raue Landschaft Feuerlands.

Yamaná-Freund Thomas Bridges direkt am Beagle-Kanal. Der heutige Eigentümer bietet Führungen durch die Räumlichkeiten an, in denen alte Fotos, Bridges' Wörterbuch und andere Fundstücke das Wissen des Anthropologen über die Yamaná dokumentieren.

Gleich an der Grenze zu Chile, 18 Kilometer westlich von Ushuaia, beginnt der Nationalpark *Tierra del Fuego*. Der 63 000 Hektar große Park existiert seit 1960 und ist nicht nur Habitat für einheimische Flora und Fauna, sondern ebenfalls für den aus Kanada importierten Biber, der durch seine Dammbauten nicht selten Überschwemmungen verursacht. Der Park ist mit dem Zug ‚tren del fin del mundo' zu erreichen, für dessen Eisenbahntrasse einst die Sträflinge von Ushuaia schuften mussten. Aus ökologischen Gründen hat die Verwaltung den Zugang zu dem Nationalpark seit 1995 stark eingeschränkt, einige lohneswerte Wanderpfade sind aber noch für Touristen begehbar.

Weiter südlich, gegenüber von Ushuaia, erreicht man die südlichste chilenische Stadt: den ehemaligen Militärstützpunkt Puerto Williams. Umrahmt von dichten Wäldern und ebenfalls am Beagle-Kanal gelegen – auf der Isla Navarino – ist der gerade einmal 2000 Einwohner zählende Verwaltungssitz des chilenischen Teils der Antarktis im Vergleich zu Ushuaia gänzlich unattraktiv.

Charmanter ist dagegen die chilenische Stadt Porvenir (5000 Einwohner), am Ostende der gleichnamigen Bucht und gegenüber der patagonischen Stadt Punta Arenas gelegen.

Wie in Patagonien können ebenso auf Feuerland literarische Werke über die Gegend wunderbare Wegbegleiter sein: Der chilenische Autor Francisco Coloane schrieb über Feuerland in seinem Buch ‚Kap Hoorn'. Er schildert darin den rauen Pioniergeist der frühen Siedler und deren Leben in der unwirtlichen Natur. Der Argentinier Eduardo Belgrano Rawson verfasste im unsentimentalen Tonfall das Werk ‚In Feuerland' über Indianer, Missionare, Landbesitzer und Abenteurer. Die Geschichte des rumänischen Juden und Ingenieurs Julius Popper, Goldminenbesitzer und nachgewiesener Mörder der Ona-Indianer, erzählt Daniel Ares in ‚Das Gold von Patagonien'.

Gesellschaft

Drei Hauptgruppen von Ureinwohnern lebten auf Feuerland: die Yamaná, die Ona sowie die Alkalufes. Die Yamaná gibt es heute nicht mehr; viele von ihnen starben an den Krankheiten, die erste europäische Siedler einschleppten. Ende des 19. Jahrhunderts wurden zahlreiche Ureinwohner Opfer der Waffengewalt europäischer Siedler.

Verantwortlich für die Tötung der letzten Ona war der rumänisch-jüdische Goldgräber Julius Popper. Mit einem Heer von kroatischen Einwanderern ließ sich dieser an der Bucht von San Sebastián nieder und zahlte Kopfgeld für jeden erlegten Ona. Popper repräsentierte den ersten *caudillo* Feuerlands; er betrieb Goldminen auf der Halbinsel Páramo, ließ sein eigenes Geld drucken und steckte seine kroatische Leibgarde angeblich in ungarische Fantasieuniformen. Die Kopfgeldjagd auf Ona-Indianer sowie die Ausrottung der Alkalufes wurde von der chilenischen Regierung ebenfalls unterstützt, um die

Bunte Wellblechhäuser sind ein Charakteristikum des gesamten südlichen Patagonien.

Bewirtschaftung des Gebiets voranzutreiben. Das fotografische Werk des schlesischen Missionars Martin Gusinde bewahrt die Kultur der Ona vor dem Vergessen. Zahlreiche Szenen aus dem Nomadenleben der Ona sind dank des Breslauer Pfarrers und Anthropologen überliefert. In den 1920er-Jahren lebte Gusinde zwei Jahre mit den Selk'Nam und fotografierte sie mit großem Einfühlungsvermögen. Heute sind die einzigartigen Fotografien im *Museo Martin Gusinde*, im chilenischen Ort Puerto Williams zu sehen.

Ushuaia, die größte Stadt Feuerlands, ist in den vergangenen 30 Jahren von gerade einmal 6000 auf 60 000 Einwohner gewachsen. Inzwischen leben insgesamt rund 250 000 Menschen auf Feuerland. Ihre Herkunft ist bunt gemischt; anders als in Argentinien dominieren im Stammbaum der erst seit wenigen Generationen auf Feuerland lebenden Familien nicht hauptsächlich spanische und italienische Vorfahren. Stattdessen zog es Engländer, Schotten, einige Deutsche, Franzosen und viele Osteuropäer (Kroaten, Russen) auf der Suche nach Gold, Glück und Abenteuern an das Ende der Welt.

Viele der ersten Siedler landeten als Schwerverbrecher in dem Gefängnis von Ushuaia oder mussten als Schiffbrüchige auf dem Archipel bleiben. Andere kamen als wohlhabende Großgrundbesitzer und von der Regierung Begünstigte, sodass ihnen eine große *estancia* von staatlicher Seite geradezu geschenkt wurde.

Interessanterweise sind alle Bewohner der Isla Grande heute durch eine einzige Landstraße, die Ruta Nacional 3, quer durch Feuerland miteinander verbunden. Jede Abzweigung davon führt zu einer der insgesamt 62 *estancias*.

Morgenstimmung in Puerto Williams.

Der gigantische Flechtbewuchs kündet von der guten Luft Feuerlands.

Eine wichtige Besiedlungsbewegung des 20. Jahrhunderts schoben die Militärdiktaturen Chiles und Argentiniens in den 1970er-Jahren an. Zum einen, um das nationale Bewusstsein in den südlichen Territorien zu stärken, zum anderen, um die natürlichen Ressourcen auszubeuten (Erdöl, Gas, Fische, Meeresfrüchte, Abholzung der Wälder). Sie förderten die Ansiedlung weiterer Industrien und schufen Marinestützpunkte. Nicht zuletzt verstrickte sich die argentinische Militärjunta 1982 in einen Krieg um die britischen Falklandinseln (spanisch: *Islas Malvinas*), die im Atlantik den Inselgruppen Feuerlands vorgelagert sind und ging durch die rasche Niederlage gegen Margaret Thatcher zugrunde.

Politik

Feuerland ist offiziell im Westen und äußersten Süden chilenisches sowie im Norden und Osten argentinisches Staatsgebiet. Gemeinsam mit dem argentinischen Territorium der Antarktis und diversen kleineren atlantischen Inseln (Isla de los Estados, Kap Hoorn, Südgeorgien) bildet Feuerland eine eigene Provinz in Argentinien, die sich *Provincia de Tierra del Fuego, Antártida e Islas del Atlántico Sur* (Provinz Feuerlands, der Antarktis und der südatlantischen Inseln) nennt. Die Hauptstadt ist Ushuaia im Südosten von Feuerland.

Das chilenische Gebiet Feuerlands beginnt südlich von Punta Arenas und erstreckt sich westlich und

Oben: Stiller See bei Ushuaia.
Folgende Doppelseite: Punta Arenas und die Magellanstraße.

südlich vom argentinischen Territorium. Es gehört zu dem südpatagonischen Gebiet Magallanes. Die Grenze zu Argentinien wurde quasi ,mit dem Lineal' durch den Beagle-Kanal gezogen. Ende der 1970er-Jahre kam es auf Feuerland zu Streitigkeiten um diese durch das Wasser verlaufende Grenze. Einen Krieg konnte gerade noch die Intervention des Papstes vermeiden, der zugunsten von Chile entschied und den Chilenen drei kleine Inseln zusprach, zu denen Argentinier aber freien Zugang haben.

Umweltpolitik ist für den Archipel von höchster Priorität, denn die Abholzung der hier gelegenen Wälder gefährdet das ökologische Gleichgewicht der Natur. Im argentinischen Nationalpark *Tierra del Fuego* steht die Südbuche mittlerweile

unter Naturschutz, Chile hat es bisher versäumt, drastische Schutzmaßnahmen zu ergreifen. Immerhin gibt es private Initiativen: Die chilenische Umweltaktivistin Graciela Ramaciotti ist eine engagierte Naturschützerin und hat die Organisation ,Finis Terrae' gegründet. Sie lehnt sich vor allem gegen das Abholzen des uralten Regenwald-Baumbestandes auf und kämpft in dieser Absicht gegen Großkonzerne an.

Um nur ein weiteres Beispiel für Feuerlands Umweltprobleme zu nennen: Der Marinelligletscher in der Ainsworth-Bucht Richtung Antarktis ist in den letzten 30 Jahren um mehr als 15 Kilometer auf ein Minimum seiner Größe geschmolzen.

Feuerland

Wirtschaft

In den 80er- und 90er-Jahren lockte Feuerland viele Investoren in die Großstadt Ushuaia sowie in das Industriezentrum Río Grande (70 000 Einwohner). Internationale Unternehmen, vor allem aus der Elektronik-Branche, ließen sich hier nieder. Besonders viele Steuervorteile gab es in Ushuaia in den Jahren 2001 bis 2005. Inzwischen ist die Steuervergünstigung wieder abgeschafft und das Leben auf der Insel teurer geworden.

Seit der Besiedlung durch Europäer Ende des 19. Jahrhunderts ist die Haupteinnahmequelle die Schafzucht. Nachdem die Weltmarktpreise für Wolle gesunken sind, kann zwar nicht mehr vom ‚weißen Gold' die Rede sein, doch die Schafschur bleibt ein wichtiger Wirtschaftsfaktor.

Die an der Mündung des Río Grande in den Atlantik gelegene gleichnamige Stadt ist das wirtschaftliche Zentrum für gleich zwei Branchen: die Schafzucht und die Ölförderung. Die

Romantischer Sonnenuntergang am Hafen von Ushuaia.

Arbeiterstadt Río Grande besitzt sogar eine eigene Öl-Raffinerie. Richtung Westen, entlang des Flusses Río Grande, stehen die großen Schaf- und Rinderfarmen.

Weiter westlich, an der Bahía Sebastián, liegen ein Viertel von Argentiniens Erdgasreserven (250 Milliarden m³), die teils über eine Pipeline direkt nach Buenos Aires transportiert werden. Zahlreiche weitere Ölbohrtürme stehen am östlichen Ufer der Magellanstraße.

Eine wichtige Rolle für Feuerlands Wirtschaft spielt die Fischerei. So werden im größten Fluss Feuerlands, im Río Grande, Forellen gezüchtet, an der Küste Seespinnen, diverse Muschelsorten und Krabben gefangen und zum Teil ins Ausland exportiert.

Ökonomische Bedeutung hat im südlichen und westlichen Feuerland die Holzwirtschaft. Ein großer Teil der heimischen Südbuchenwälder wird abgeholzt und zu Möbeln, Faxpapier und Holzchips verarbeitet. An Stelle der

Auf einer Insel des Beagle-Kanals liegen gemütlich die Seelöwen.

Oben: Ein Regenbogen spannt sich über die wilde feuerländische See.
Rechts: Langsam bewegt sich das Boot durch den Agostini-Fjord.
Nachfolgende Doppelseite: Die höchsten Berge Feuerlands sind das ganze Jahr über schneebedeckt.

Südbuchen werden nicht heimische Nadelhölzer aufgeforstet, nur um sie erneut zu verarbeiten – große Umweltschäden sind die Konsequenz.

Nicht zu unterschätzen ist der wachsende Wirtschaftszweig des Tourismus: Rund 100 000 Touristen zieht es jährlich an das berühmte Ende der Welt. Allerdings handelt es sich vor allem um ein Saisongeschäft in den Sommermonaten Dezember bis März. Im Winter wird die Insel sehr einsam, kalt und unwirtlich.

Feuerland

Bildnachweis

Achim Pohl, Essen: S. 32-33, 36, 38, 45, 46-47, 48, 49, 50, 56-57, 58, 59, 60, 61, 62, 63, 66, 67, 69, 72, 73, 74, 75, 76-77, 78, 79, 80, 81, 82, 83, 84-85, 87, 88, 89, 90, 91, 92, 93, 94, 95, 96, 97, 98-99, 127, 150, 151, 152-153, 154, 155, 156, 157, 158, 159, 160, 161, 162, 163, 164-165, 166, 167, 168-169

bigstockphoto.com: S. 9, 18, 22, 23, 28, 29, 31, 34, 37, 39, 55, 103, 111, 113, 117, 118, 119, 122, 124, 147, 179, 180, 181, 183, 208, 215, 225, 300, 301, 307, 311, 314, 315

istockphoto.com: 125

picture-alliance.com: S. 51: dpa, S. 54: dpa, S. 71: Erwin Patzelt, S. 126: D.P.P.I, S. 298: akg-images, S. 299: Udo Bernhart

Ralf Gantzhorn, Hamburg: Coverabbildung Vorderseite, Coverabbildung Rückseite (oben und unten), S. 7, 8, 10-11, 12, 13, 14, 15, 16, 17 oben, 17 unten, 19, 20, 21, 24-25, 26-27, 30, 35, 40-41, 42, 43, 44, 52-53, 64-65, 68, 100, 101, 102, 104-105, 106, 107, 108, 109, 110, 112, 114, 115, 116, 121, 123, 128, 129, 130-131, 132, 133, 134, 135, 136, 137, 138-139, 140, 141, 142-143, 144, 145, 146, 148-149, 170, 171, 172-173, 174, 175, 176, 177, 178, 182, 184-185, 186, 187, 188-189, 190, 191, 192-193, 194, 195, 196, 197, 198-199, 200, 201, 202, 203, 204, 205, 206, 207, 209, 210-211, 212, 213, 214, 216-217, 218, 219, 220, 221 ,222-223, 224, 226, 227, 228, 230, 231, 232, 233, 236, 237, 238-239, 240, 241, 242-243, 244, 245, 246-247, 248, 249, 250, 251, 252, 253, 254-255, 256, 257, 258, 259, 260, 261, 262-263, 264, 265, 266, 267, 268-269, 270-271, 272, 273, 274, 275, 276, 277, 278, 279, 280-281, 282-283, 284, 285, 286 oben, 286 unten, 287, 288, 290, 291, 292, 293, 294, 295, 296, 297, 302, 303, 304-305, 306, 308, 309, 310, 312-313, 316, 317, 318-319

stock.xchange.com: 229, 235